对仗的知识

DUIZHANG DE ZHISHI

牛　蕴　◎编著

商务印书馆国际有限公司

中国·北京

图书在版编目(CIP)数据

对仗的知识 / 牛蕴编著. -- 北京 : 商务印书馆国际有限公司, 2024.8(2025.11 重印). -- ISBN 978-7-5176-1106-6

Ⅰ. H15

中国国家版本馆 CIP 数据核字第 2024RJ6288 号

DUIZHANG DE ZHISHI

对仗的知识

编　　著 牛　蕴
出版发行 商务印书馆国际有限公司
地　　址 北京市丰台区右外西路 2 号院
中国国际出版交流中心 5 号楼 8 层
邮　　编 100069
电　　话 010 -65592876(编校部)
010 -65598498(市场营销部)
网　　址 www. cpi1993. com
印　　刷 三河市紫恒印装有限公司
开　　本 880mm ×1230mm　1/32
字　　数 150 千字
印　　张 6
版　　次 2025 年 11 月第 1 版第 5 次印刷
书　　号 ISBN 978-7-5176-1106-6
定　　价 29.80 元

前　言

对仗是格律诗词、散曲、对联、骈文的一个重要修辞手段，也是我国诗歌独有的最富魅力的艺术元素。它兼具结构形式美和声韵音乐美，使表现的内容鲜明精美，富有张力。对仗，通常是律诗的闪光部分。诗人的艺术功底和文学才气，在对仗中能充分地显示出来。一首律诗的优劣成败，主要看对仗。

对仗一般需两句，把同类或对立概念的词语放在相对应的位置上使之出现相互映衬的状态，令诗词曲在形式上和意义上显得整齐匀称，语句更具韵味和表现力，给人以美感。对仗主要包括词语的互为对仗和句式的互为对仗两个方面。

刘勰《文心雕龙·丽辞》篇云："造化赋形，支（同'肢'）体必双，神理为用，事不孤立。夫心生文辞，运裁百虑，高下相须，自然成对……"以人体之四肢来形容对仗之相称，最是确切不过。

古代仪仗，都是左右两两相对的，讲究对称是中国古代文化的特色，大至皇帝宫殿百官上朝，小至平民百姓门户摆设，公府仪仗，仕女束装，都讲究个左右对称。天地万物，都具有某种程度的规律性和对称性。

对仗句早在先秦的诗歌中就出现了。例如《诗经》："昔我往矣，杨柳依依；今我来思，雨雪霏霏。"（《小雅·采薇》）《楚辞》："令沅湘兮无波，使江水兮安流。……鸟次兮屋上，水周兮堂下。"

（《九歌·湘君》）散文中也常有对仗，如《易经》中的“同声相应，同气相求”（《易·乾·文言》），是典型的对仗句。晋魏以后，对仗影响扩大，以前文章的骈散交错形式，衍变为骈四俪六的骈体文。诗歌中的对仗也从最初的不工整到逐渐工整，从随意使用到逐渐规范化。初唐以降，格律逐渐定型，对仗日趋完善，成为与平仄、用韵相并行的格律诗三大要素之一。

使用对仗，能使诗词在形式上整齐匀称，节奏明快；在音调上音韵优美，音乐感强；在表意上凝练集中，高度概括；在抒情上情感真挚，酣畅淋漓。对仗使格律诗词进一步实现音韵和谐，增强了节奏感和音乐美，达到表现形式与内容上的高度完美统一。

律诗的对仗有其严格的规则：字数相等，平仄相反，词性相同，结构相类，节奏一致，同字勿对。

随着词曲的出现和发展，对仗又有了新的拓展，出现了“鼎足对”等特殊的对仗形式。鼎足对每组三句，如鼎足之势，句句之间分别互为对仗。鼎足对只在词曲、对联、骈文中使用，在律诗中是不能出现的。

记得有位名家说过，对仗是最能展示诗人才华的试金石。若对仗出彩，诗人水平就高；反之，若对仗写不好，那就是水平低。这位名家所说切入肯綮，信然。

但笔者也发现，很多具有较高文学水平者，作对仗的时候也露怯，或者对仗不工，问题频出；许多人涉足诗界多年，只能写绝句，不敢写律诗。为何？概因对仗也是一门专门学问，它有许多规矩和常识，即便是文学基础再好，若对其没有进行过专门系统学习，还是写不好律诗的。

本书是笔者在学诗写诗的实践中，积累起来的一些学习心得。

有些内容，是笔者独特的认识，比如对“流水对”的理解。写出来，与读者讨论，也在实践中检验。愿本书对诗词写作者有所帮助。愿更多的诗人能写出高水平的对仗，跨入高雅的诗词曲文学殿堂。

本书写作中，我学习并参考了专家学者的有关著作，也吸取了诗家论者的一些研究成果，在此一并表达谢忱。

牛　蕴

目　　录

第一章　对仗概览

一、律诗及律绝对仗概述

律诗这一术语，《辞海》是这样解释的："诗体名。近体诗的一种。格律严密，故名。起源于南北朝，成熟于唐初。八句，四韵或五韵。中间两联必须对仗，第二、四、六、八句押韵，首句可押可不押，通常押平声。每句各字及句与句、联与联之间平仄必须遵循一定的规则。通常分五言、七言两体，简称'五律''七律'。亦偶有六律。其有每首十句以上者，则为排律。"

律诗的四联，各有一个特定的名称，一二两句（第一联）叫首联，三四两句（第二联）叫颔联，五六两句（第三联）叫颈联，七八两句（第四联）叫尾联。许多人总是将颔联和颈联位置混淆，其实很好记：颔，指下巴，颈，指脖子；人的下巴（颔）在上，脖子（颈）在下；字义明确了，就永远不会混淆颔联和颈联的位置谁先谁后了。

按照规定，律诗的颔联和颈联必须对仗，首联和尾联可对可不对。律诗的首联是全诗的开头，有引导读者进入主题的作用。在这个位置上用对仗，如果字句安排不好，就容易艰涩呆板，影响内容的表达。因此，首联很少用对仗。当然也有用对仗的。相对来说，五律首联用对仗的较多，七律首联用对仗的较少。这是因为五律首句不入韵的居多，便于安排对仗；七律首句入韵的居多，不便于安排对仗。但是，这个不是绝对的，在首句入韵的情况下，首联用对仗还是可能的。（参见王力《诗词格律》）例如陈子昂《春夜别友人》的首联：

银烛吐青烟，金樽对绮筵。

首句尾字“烟”是入韵的，但首联仍然对仗。

首联用了对仗，却并不因此减少中二联（即律诗的中间二联：颔联与颈联）的对仗，就是说，中二联仍要对仗。这是应该注意的。

颔联和颈联处于律诗的中间部位，是全诗内容铺陈展叙之处，若写得不好，易使诗句散漫松涣。在这两联上用对仗，可以确保律诗语言的严谨整饬、精练美致。

尾联一般不用对仗。这是因为尾联对全诗起收束作用，不太适宜对仗。用非对仗句结尾，因其散行自由更显得洒脱灵巧，比用严整工稳的对仗好得多。但也不是绝对的，少数也有例外。例如杜甫《闻官军收河南河北》的尾联：

即从巴峡穿巫峡，便下襄阳向洛阳。

这个尾联是对仗的，是流水对。这种对仗，有其特殊规律，和一般对仗不同。这个话题在后文中会专门论及。

是否有少于两联的对仗呢？在特殊情况下可能会有，甚至一首诗全不用对仗的也有。全诗不用对仗，那不是常规，不在我们讨论之列。我们只讨论少于两联的对仗。若一首律诗只有一联对仗，用于哪一联居多呢？传统的看法是用于颈联居多，即颔联不对仗，颈联对仗。按照这个理论，人们一般的看法是，颈联对仗要求比颔联对仗要求严格，换句话说，若某一联对仗不太严格的话，只能用于颔联，而不能用于颈联（极个别的例外在此不论）。这基本上已形成共识。

王力先生在《诗词格律》一书中，谈到这个问题时举了两个颔联不对仗的例子：

笛中闻折柳，春色未曾看。

（李白《塞下曲》）

江山留胜迹，我辈复登临。

（孟浩然《与诸子登岘山》）

这两个例子，按照一般理论来说，当然是不对仗的。但笔者认为，这两联恰是对仗的特殊种类——流水对。这有个对流水对的认定标准问题，我们后面还要专门论及，这里点到为止，供读者思考。

排律，又叫长律，即每首十句（含十句）以上者。排律的首联可对仗也可不对仗，一般不对仗，中间各联都必须对仗，尾联不用对仗，以便收束。

绝句（这里指律绝），每首四句，二韵或三韵。第二、四句押韵，首句可押韵可不押韵，通常押平声韵。分五言、七言两体，简称“五绝”“七绝”。绝句原则上可以不用对仗。如果用对仗，往往用在首联；尾联也有用对仗的；首尾两联都用对仗，也就是全篇都用对仗，也不少见。

有人说，绝句就是截取律诗的四句，对此王力先生说：“这话如果用来解释‘绝句’的名称的来源，那是不对的，但是以平仄对仗而论，绝句确是截取律诗的四句：或截取前后二联，不用对仗；或截取中二联，全用对仗；或截取前二联，首联不用对仗；或截取后二联，尾联不用对仗。”（《诗词格律》）

词、曲的对仗有其特殊性，后面我们会专门介绍。

二、对仗的概念

对仗为诗律术语。诗词中要求严格的对偶，称为对仗。对仗是把同类相辅或对立概念的词语放在相对应的位置上，或正面相互映衬、相互烘托，或反面相互对比、相互对立，使主题更加鲜明，形象更为突出，语句更具韵味，美感更加鲜活。它使诗词在形式上和意义上显得整齐匀称，增强了表现力。

对仗是形成文字整齐美的重要修辞手段，也是构成格律形式、呈现格律气氛的重要因素。

许多人容易将对偶与对仗混淆，比如有人说，对偶也叫对仗。其实，这种将对偶与对仗等同起来的说法是不妥当的。对偶不等于对仗，对仗与对偶是既有联系又有区别的两个不同的概念。

先看看《现代汉语词典》(第 7 版）对二者的解释。对偶："修辞方式，用对称的字句加强语言的效果。"对仗："（律诗、骈文等）按照字音的平仄和字义的虚实做成对偶的语句。"词典的解释，讲出了它们之间的些微区别。

那么，对偶和对仗之间有什么联系和区别呢？

对偶和对仗是两个概念，两种语言形式，二者有相同之处，也有不同之处。

对偶，是一种修辞格，它把"字数相等，结构、词性大体相同，意思相关"的两个短语或句子对称地排列在一起，形成表达形式上的整齐和谐与内容上的相互映衬，具有独特的艺术效果。对偶要求相对宽松，互为对偶的两句话，只要结构相同即可，譬如"革命家赤胆忠心，虽死犹生；野心家祸国殃民，生不如死"（《天安门诗抄》)、"对人民，你比炭火更温暖；对敌人，你比钢刀更锋利”（李瑛《一月的哀思》）、“敌人害怕您静若悬剑，人民信赖您稳如磐石”（《天安门诗抄》），这些就是对偶。对偶常常被广泛用于各种文体，其中古代散文和古体诗歌运用尤其频繁。如“得道者多助，失道者寡助”（《孟子》）、“人人自谓握灵蛇之珠，家家自谓抱荆山之玉”（曹植《与杨德祖书》）、“浮光跃金，静影沉璧”（范仲淹《岳阳楼记》）、“野芳发而幽香，佳木秀而繁阴”（欧阳修《醉翁亭记》）、“欲渡黄河冰塞川，将登太行雪满山”（李白《行路难》）等等。对偶的运用，整饬了语言，增强了语势，而且两个偶句互为补充、相互映衬，使语言颇具形式美和表现力。

对仗，是指诗词散曲、歌赋、对联写作时运用的一种特殊表现形式和手段。不光要符合对偶的基本要素，还要求上下句同一位置的词语必须“词性一致，平仄相对”，并力避无序重复同一字词。格律诗词的对仗，因其要求语言音韵和谐，节奏明快、乐感优雅，在表现形式上更加完美，因而对对仗要求也就更为严格。

对仗作为特殊的创作技法，是文学创作中所运用的一种特殊表现形式和手段。特别是格律诗的创作，讲究炼字炼句，讲究平仄押韵，本身对语言运用有很高的艺术要求，而对仗正好能够极大提高诗歌的表达技巧和审美情趣，具有较高的艺术性和表现力，能满足此类文学创作的需要。对仗的这些特殊功能显然是对偶力不能及的。对仗可以说是格律诗词创作和欣赏的重要标准之一。这种技法后来又相继为词曲、对联、律赋等体裁撰写所采用。正因如此，尽管格律诗词中的对仗虽同时也符合对偶的标准，但鉴于对仗本身的特点和要求，它还是明显区别于一般文体中的对偶。诗词中的对仗，我们通常不以“对偶”称之，而特称之曰“对仗”。

可以这样说，对仗是特殊意义上的对偶，二者是不可相提并论的。在概念上，对偶是属，对仗是种，对偶的外延大于对仗；对偶包括对仗，对仗一定是对偶，但对偶不一定是对仗。

了解了对偶与对仗的特点，就能一般地区别什么是对偶，什么是对仗了。例如：

（1）先天下之忧而忧，后天下之乐而乐。（范仲淹《岳阳楼记》）这组联句各方面都符合对偶的要求，但由于其平仄不相对，音律欠和谐，并在同一结构位置重复使用了“天下”，因而只是对偶，不是对仗。

（2）沉舟侧畔千帆过，病树前头万木春。（刘禹锡《酬乐天扬州初逢席上见赠》）这组联句是原诗中的颈联，无论是格律，还是词性、结构等各个方面都完全合乎对仗要求，对得极为工稳，是最为典型的对仗联句。

（3）不登高山，不知天之高也；不临深溪，不知地之厚也。（《荀子·劝学》）不讲格律，有重字相对，只对偶，不对仗。

（4）春天繁花开遍峡谷，秋天果实压满山腰。（碧野《天山景物记》）不讲格律，有重字相对，只对偶，不对仗。

（5）天行健，君子以自强不息；地势坤，君子以厚德载物。（《周易》）不讲格律，有重字相对，只对偶，不对仗。

（6）恨入四弦人欲老，梦寻千驿意难通。（姜夔《浣溪沙》）这组联句从格律到词性、结构等，全部符合对仗要求，是极为工稳的典型的对仗联句。

诗词中的对仗句显得声调铿锵，可以增强文意的表达力量，形成整齐的美，给人留下深刻的印象，让人们能更容易地欣赏其音韵和含义的巧妙安排。

对仗是一种修辞手段，汉语的特点特别适宜于对仗，因为汉语单音词较多，即使是复音词，其中词素也有相当的独立性，容易作成对仗。

三、对仗的主要规则

律诗的对仗有其严格的规则：字数相等，平仄相反，词性相同，结构相类，节奏一致，同字勿对。现分述如下：

（一）字数相等　律诗句有定字，且对仗的两句字数要相等，这个无须多说。若每句字数参差不齐，当然无从对仗。

（二）平仄相反　即“联内平仄相对（相反）”。对仗的上下两句平仄必须相反，出句和对句要平仄相对立，平对仄，仄对平，这是格律诗的特点所决定的。例如杜甫七律《登高》：

万里悲秋常作客，（仄仄平平平仄仄）

百年多病独登台。（仄平平仄仄平平）

可以看出，上下两句平仄是相反的，这两句诗句完全符合格律诗的格律要求。（注：“百”是入声字，仄声，“多”是平声字，但这两个字位都可以不论平仄；“独”是入声字，仄声。）

（三）词性相同　要求词语所属的词类（词性）相一致，也就是名词对名词，动词对动词，形容词对形容词，数词对数词，代词对代词，副词对副词，其他虚词对其他虚词。单音词与单音词相对，双音词与双音词相对，三音词与三音词相对，等等。

词语的“词汇意义”也要相同。如果是名词，它们所属的词义范围最好相同，最好是同一意义范围内的词相对。如天文、地理、宫室、服饰、器物、动物、植物、人体、行为、动作等，一般来说在本门类内选择词汇相对，天文对天文，地理对地理，数目对数目，方位对方位，颜色对颜色，时令对时令，器物对器物，人事对人事，生物对生物，等等，但同义词不能相对。如杜甫《绝句》中的一联对仗句：

两个黄鹂鸣翠柳，一行白鹭上青天。

“两个”对“一行”，数量词相对；“黄鹂”对“白鹭”，同属鸟兽虫鱼门，名词相对；“鸣”对“上”，动词相对；“翠柳”对“青天”，“柳”属草木花果门，“天”属天文门，虽非同类同门，但都是名词，可以相对。

（四）结构相类　指语法结构相同，主谓词组对主谓词组，动宾词组对动宾词组，联合（并列）词组对联合（并列）词组（注：联合词组与并列词组同义，以前惯用联合词组，现在惯用并列词组。本书时用联合词组，时用并列词组，二者是相通的，下同），偏正词组对偏正词组，动补词组对动补词组，联绵词对联绵词，等等。如苏轼《赠刘景文》：

荷尽已无擎雨盖，菊残犹有傲霜枝。

上下句相对应部分不光词性是相同的，语法结构也相同：“荷尽”和“菊残”是主谓词组，“已无”和“犹有”是偏正词组，“雨盖”和“霜枝”也是偏正词组。再如白玉蟾《快轩书怀》：

柳絮打残连夜雨，桃花飞落五更风。

“柳絮”与“桃花”相对，“打”与“飞”相对，“连夜雨”与“五更风”相对；出句和对句都是主—谓—宾结构，且主宾倒置，强调、突出了“柳絮”和“桃花”，实际句意应该是“连夜雨打残柳絮，五更风飞落桃花”。又如杜甫《月夜忆舍弟》的颔联：

露从今夜白，月是故乡明。

上句的写法是拆散“白露”一词，分置句的首尾；下句的写法相同，也是把“明月”一词拆散，分置句的首尾。

（五）节奏一致　节奏，这里主要指意义单位的节奏，出句与对句的节奏要一致。所谓意义单位节奏一致，就是一个词（包括复音词）、一个词组、一个介词结构（介词及其宾语），或者一个句子形式，要节奏一致。节奏一致是对仗的基本原则。如杜甫《阁夜》：

五更/鼓角/声/悲壮，
三峡/星河/影/动摇。

出句对句均为二二一二节奏，对仗很工整。又如杜甫《奉和贾至舍人早朝大明宫》之作：

旌旗/日暖/龙蛇/动，
宫殿/风微/燕雀/高。

出句对句均为二二二一节奏，对仗很工整。

（六）同字勿对　在近体诗中出句与对句必须避免相同的字相对。具体来说，出句中出现过的字，对句中不能同字再相对。如“人有悲欢离合，月有阴晴圆缺”（苏轼《水调歌头》），两个“有”字重复相对。这种对仗，在词、曲中是允许的，在近体诗中则绝不允许。

但同字对在本句内不受限制。如“自去自来梁上燕，相亲相近水中鸥”（杜甫《江村》），“自”“相”就各自在本句内相对。后面我们还要讲到，这叫“掉字对”，又叫“双拟对”。再如“今朝有酒今朝醉，明日愁来明日愁”（罗隐《自遣》），也是掉字对。这是为了修辞和表达需要特意设计的对仗形式，我们把它叫作“有序重字”。有序重字是允许的，它是造成语言形式活泼的很好手段。有序重字还有叠字对与衔字对。叠字对如杜甫的“无边落木萧萧下，不尽长江滚滚来”；衔字对如杜牧的“行乐及时时已晚，对酒当歌歌不成”。

顺便说一下，不光出句对句对仗不能同字相对，格律诗的全篇也要注意避免无序重字。所谓无序重字，是指出于修辞需要之外的两字相重，因为那是混乱的、多余的，故称无序重字。

在创作对仗诗联时，若词性不合，或句子结构不同，或节奏不合，对仗就不工整。如某诗友有对仗句如下：

鸟语烟霞如锦市，清风拂地灿云台。

“鸟语”与“清风”、“锦市”与“云台”，都是偏正结构的名词，“如”是动词，“灿”是形容词活用为动词，“如锦市”与“灿云台”，两个动宾词组相对也算工整。但“烟霞”与“拂地”相对就有问题了。“烟霞”是并列结构的名词词组，“拂地”是动宾结构的词组，二者词性结构不同，不能相对。

有的对仗不工整，原因在于节奏不一致，例如：

清溪/呈/犬齿，
暖日/长藤/延。

出句是二一二节奏，对句是二二一节奏，对仗不工。当然，节奏不合，往往伴随着词性不合或结构不合。有些作者在构思对句时，缺乏对仗词性、语法结构与节奏等基本要素的考虑，这是需要注意的。

四、对仗的基础——词类

词的分类是对仗的基础，因而有必要单独列出。

王力先生《汉语诗律学》大致依照传统的说法，略加分并，对词类作了详细明白的表述。这个材料，对学习对仗很有用处。现照录如下：

第一类

（甲）天文门

例字：天　空　日　月　风　雨　霜　雪　霰　雷　电　虹　霓　霄　云　霞　霭　气　烟　星　斗　岚　阳　阴　照　晖　曛　雾　露　烽　火　飙

（乙）时令门

例字：年　岁　月　日　时　刻　世　节　春　夏　秋　冬　晨　夕　朝　晚　午　宵　昼　夜　伏　腊　寒　暑　晴　晦　朔　昏　晓　闰

第二类

（甲）地理门

例字：地　土　山　水　江　河　川　湖　海　波　浪　涛　潮　冰　池　洲　沼　林　潭　泽　渠　桥　乡　村　关　塞　戍　城　市　道　路　径　衙　园　圃　苑　墓　坟　岩　崖　峰　岭　石　疆　堤　陇　禁　掖　京　国　郭　郊　州　县　邑　郡　镇　墟　壤　泥　畦　岸　峡　田　谷　岛　屿　浦　溪　涧　渡　沙　尘　塘　原　驿　家　境　泉　冈　矶

（乙）宫室门

例字：房　宅　庐　舍　楼　台　堂　馆　榭　斋　宫　室　阁　门　闾　塔　巷　街　墙　垣　壁　窗　牖　户　槛　梁　柱　檐　廊　阶　砌　庭　院　仓　库　坛　篱　扉　井　栏　阙　殿　署　楹　寺　观　庙　店　堞　壕　垒　屯　瓦　甍

第三类

（甲）器物门

例字：舟 船 舫 舰 车 辇 钟 磬 砧 床 榻 枕 簟 席 茵 旌 旗 鼓 角 干 戈 刀 剑 弓 箭 枪 槊 戟 弩 灯 檠 镜 案 座 幌 帘 箔 帏 屏 帷 幄 香 烛 炉 棹 桅 篷 樯 帆 桨 桡 壶 杯 觞 樽 觥 珂 铃 辔 鞍 鞭 策 绳 瓯 釜 箱 筐 尺 盘 碗 盆 缸 箪 瓢 杓 瓮 瓶 钱 钥

（乙）衣饰门

例字：衣 裳 襟 袂 裙 裾 巾 冠 帽 环 钗 珮 珰 带 绂 绶 簪 缨 杖 履 屐 靴 袍 衫 裘 襦 毡 扇 冕 旒 盔 甲

（丙）饮食门

例字：酒 茶 茗 糕 饼 饧 齑 鲙 丹 餐 酿 酷 酎 醪 醯 醢 盐 酱 浆 饭 肴 馔 蔬 笋 菜 粥 饘 羹 汤 胙 脯 蜜

第四类

（甲）文具门（包括文人用品）

例字：笔 墨 砚 纸 笺 印 钤 筒 筹 签 书 剑 琴 瑟 弦 箫 笛 棋 卷 轴 幅 帏 简 策 册 翰 毫

（乙）文学门

例字：诗 书 赋 檄 疏 章 句 经 论 集 策 约 文 字 信 缄 诏 令 符 篆 旨 敕 篇 编 碑 碣 词 辞 咏 歌 谣 制 诰 典 籍 礼 图 画

第五类

（甲）草木花果门

例字： 树 木 花 草 萝 藤 柳 杨 蕉 菊 桂 枝 条 叶 桃 杏 李 梅 梨 榴 橙 橘 柑 柚 竹 篁 兰 蕙 芝 葛 椒 松 柏 榆 杉 椿 萱 楸 樗 根 茎 梗 絮 麦 禾 蓴 蕊 芫 苔 藓 芦 荻 蔬 莲 荷 菱 芡 菰 蕖 苇 蒲

（乙）鸟兽虫鱼门

例字： 马 牛 犬 狗 驹 骏 骢 骊 犀 象 鹿 虎 豹 狼 狐 猿 貂 麝 狶 豸 兔 鼠 猫 兽 禽 鸟 鸿 雀 鹊 鹤 鸥 雉 凤 鸾 莺 燕 雕 雁 鸦 鸠 鹘 乌 鹃 鸪 鹏 隼 鹈 鸳 鹭 鹳 鸭 鹅 兕 蛇 龙 蛟 螭 鱼 虾 虫 蝉 蚌 龟 鳖 蟹 蟾 蛛 蚕 蛾 蚁 蚊 蝇

第六类

（甲）形体门

例字： 身 心 肌 肤 骨 肉 头 首 眼 目 眉 鼻 额 颜 面 脸 颊 须 鬓 耳 睛 瞳 手 足 肩 腰 腹 脐 膝 胫 胸 背 影 魂 声 色 音 容 迹 羽 翼 翅 翎 蹄 角 牙 齿 口 嘴 唇 毛 爪 翮

（乙）人事门

例字： 功 名 恩 怨 愁 闲 才 情 歌 舞 妆 吟 笑 谈 宴 游 羞 妒 言 论 志 道 思 感 荣 宠 爱 憎 语 辞 力 势 醉 梦 气 怀 意 事 心 性 灵 德 品 行

第七类

（甲）人伦门

例字：兄 弟 父 母 君 臣 夫 妻 师 友 翁 姑 子 妇 儿 女 婿 叔 伯 伴 侣 圣 贤 仙 佛 鬼 将 相 侯 王 军 兵 士 农 渔 樵 叟 僧 尼 伎（妓）

（乙）代名对

例字：吾 我 余 予 汝 尔 君 子 他 谁 何 孰 或 自 己 相 者 人

第八类

（甲）方位对

例字：东 南 西 北 中 外 里 边 前 后 左 右 上 下

（乙）数目对

例字：一 二 三 四 五 六 七 八 九 十 百 千 万 亿 两 双 孤 独 数 几 半 再 群 诸 众

（丙）颜色对

例字：红 黄 白 黑 青 绿 赤 紫 翠 苍 蓝 碧 朱 丹 绯 赭 金（黄） 玉（白） 银（白） 粉（白） 皓 素 彩 玄 黔 缁

（丁）干支对

例字：甲 乙 丙 丁 戊 己 庚 辛 壬 癸 子 丑 寅 卯 辰 巳 午 未 申 酉 戌 亥

第九类

（甲）副词

例字：忽　渐　才　乍　已　将　欲　拟　即　皆　俱　怎　岂　空　徒　枉　频　屡　每　亦　却　休　莫　不　未　只　但　惟　尚　又　复　曾　尝　须　应　宜　合　犹　还　虽　且　更　可　能　殊　甚　颇　稍　最　堪　竟　顿　浑　漫　转　翻

（乙）连介词

例字：与　和　共　同　并　且　还　于　而　则　因　为　之

（丙）助词（包括叹词）

例字：也　矣　焉　哉　欤　乎　耶　尔　耳　兮　然　止　之

以上所分各类，并没有绝对的界限。例如“霜”属天文门，“冰”属地理门，这种区分不一定有科学根据。“有时候，不同门却是常常并称的：‘天’与‘地’、‘雪’与‘冰’、‘风’与‘浪’等虽然分属两门，而它们相对却是最工。”（王力）

上列门类的次序不是随意排列的。凡不同门而同类的字，性质最近；既不同门，又不同类，但是邻近的，也往往用作对仗。

现代汉语中把词分为十二类：名词、动词、形容词、代词、数词、量词、介词、副词、连词、助词、叹词、拟声词。根据对仗的要求，也有人把它分为十三类：名词、动词、形容词、数目词、颜色词、方位词、联绵词、叠音词、专名词、连用词、代词、副词、虚词。

名词是一个大类，还可以细分为一些小类（可参见王力的分类）。

名词分类，也不是绝对的。由于词的多义性，有时同一个字分属两个门类，如“月”，既属天文门，又属时令门。有些同门类的词，如“歌”与“舞”、“声”与“色”、“心”与“迹”、“老”与“病”等等，如果用来对仗，就被认为最工。有些词，虽不同门，甚至于不同类，但因常常被用来对仗，如“诗”与“酒”、“金”与“玉”、“金”与“石”、“风”与“浪”、“天”与“地”、“人”与“地”、“人”与“物”、“兵”与“马”等等，也被认为最工。

颜色词、方位词、专名词已从名词中分出，单独成类。

值得一提的是，不及物动词常常和形容词相对。不及物动词，就是动词后面不带对象宾语的，如“奋斗”是动词，但它后面不能带宾语，因此，它是不及物动词。

数词，双、孤、独、数（读 shuò，屡次）、几、半、再、群、诸、众等也属数词。例如杜甫《客至》：

花径不曾缘客扫，蓬门今始为君开。
盘飧市远无兼味，樽酒家贫只旧醅。

颔联“花径”与“蓬门”，名词词组；“不曾”与“今始”，副词词组；“缘”与“为”，介词；“客”，名词，“君”，代名词；“扫”与“开”，动词。颈联“盘飧”与“樽酒”，名词词组；“市”与“家”，名词；“远”与“贫”，形容词；“无”，动词，“只”，此处作“只有”解；“兼”与“旧”，形容词；“味”与“醅”，名词。

“只”是副词，“无”是动词，看来不能相对。但“无”还有数目的意义，即“零”，“只”也兼用作“只有这一种”的数目意义，从而二者相对。此两联对仗非常工整。

联绵词只能和联绵词相对。联绵词当中又再分为：①名词联绵词，如鸳鸯、魑魅、魍魉、鹦鹉、玻璃等；②形容词联绵词，如依稀、仿佛、逶迤、磅礴等；③动词联绵词，如澎湃、踌躇、踊跃等。不同词性的联绵词一般也不能相对。

为了准确地使用联绵词，这里补充一些联绵词知识。本部分主要参考谢纪峰编著的《汉语联绵词词典》。

联绵词，古人称联绵字（又写作连绵字）等。所谓联绵词，就是两个字联缀在一起不能分开来讲的双音节词，也就是双音节单纯词。如“芙蓉”“滂沱”“坎坷”“葡萄”等，拆开后的单字没有意义。有的联绵词拆开后其中一字可独立成义，另一字不能独立成义，如蝴蝶的“蝴”不能单独表达意义，“蝶”可单独表达意义；再如“玫瑰”拆开后，“玫”不能单独表达意义，“瑰”含有珍奇的意思，但与“玫瑰”无关。有的联绵词拆开后的单字虽都有意义，但与该词词义毫不相干。如“马虎”是联绵词，若将其拆开，“马”单独有意义，“虎”单独也有意义，但它们各自的意义与联绵词“马虎”的意义则无关。所以，联绵词是一个凝固的结构，是双音节单纯词，它是不能拆开的。

联绵词不能拆开使用，极个别的因修辞需要而分开（如“天翻地覆慨而慷”的“慷慨”），也不能拆开来解释。

注意：联绵词的结构属“联合”结构，但它与一般联合词组是有区别的。一般联合词组如果将所组合的词分开，各自能独立成义；而联绵词是双音节的单纯词，它的两个字只是代表词的读音，两个字组合才代表词义，单独一个字不代表词义，不能拆开。例如“琥珀”“妯娌”，若分开或者无义，或者变成了他义。故联绵词只能与联绵词相对，不能与非联绵词的一般联合词相对。

联绵词可分为以下五种类型：

（1）双声联绵词　指两个音节声母相同的联绵词，如：伶俐

(líng lì)、鸳鸯（yuān yāng）、仓促（cāng cù）、荏苒（rěn rǎn）。

（2）叠韵联绵词　指两个音节韵母相同的联绵词，如：骆驼（luò · tuo）、联绵（lián mián）、崚嶒（léng céng）、啰唆（luō · suo）。

（3）双声兼叠韵联绵词　指两个音节声母和韵母都相同的联绵词。这类词不多，但也有，如：辗转（zhǎn zhuǎn）。

（4）非双声叠韵联绵词　指既非双声又非叠韵的连绵词。如：蘑菇（mó · gu）、垃圾（lā jī）、囫囵（hú lún）。

（5）叠音联绵词　指属于单纯词的叠音词。叠音词古人称叠字、重言、重字、复字。如：匆匆（cōng cōng）、依依（yī yī）。

下面列举联绵词入诗的几个例子：

水光潋滟晴方好，山色空蒙雨亦奇。

（苏轼《饮湖上初晴后雨》）

“潋滟”和“空蒙”都是联绵词，词性都是形容词。用“潋滟”描摹水光，用“空蒙”描摹山色，惟妙惟肖，无可匹敌。

天际欲销重惨淡，镜中闲照正依稀。

（韩琮《霞》）

“惨淡”和“依稀”都是联绵词，词性都是形容词，对仗工整。

穿花蛱蝶深深见，点水蜻蜓款款飞。

（杜甫《曲江》）

“蛱蝶”和“蜻蜓”都是联绵词，词性都是名词，对仗工整。

叠音词只能和叠音词相对。如上一例中的“深深”对“款款”，再如“无边落木萧萧下，不尽长江滚滚来”中的“萧萧”对“滚滚”，等等。

专名词，专名只能和专名相对，最好是人名对人名，地名对地名，国名对国名。如“西门豹”对“百里奚”、“昆仑山”对“洞庭湖”、“塞北”对“关西”、“胡愈之”对“孙行者”、“魏”对“吴”等。

数目词、颜色词、方位词都自成一类，各自在本类中相对。这三类词和联绵词一样，很少和别的词相对。

并列的联合词组只能和并列的联合词组相对。近义并列的联合词组如：干戈、征战、豪杰、虎豹、疾病、诗书、礼乐、离乱等。反义并列的联合词组如：动静、高低、敌我、阴阳、深浅、进退、晨昏、死生、忧乐等。

代词，分为人称代词吾、汝等，指示代词彼、此等，疑问代词何、胡等。

副词，就是用在动词前，表示这个动作的情状、意愿等的词。如：忽、渐、才、乍、已、将（将要）、欲（想要）、拟（打算）、即、皆（共同）、俱（一同）、岂、空、徒（徒然）、枉（枉自）、频、屡、每、亦（也）、却、休（别，不要）、莫、不、只等。

虚词，如：与、和、共、同、并、且、于、而、则、因、为（读去声）、之、乎、也、矣、焉、哉、耶、然、尔等。（文言虚词共18个：而、何、乎、乃、其、且、若 、所、为、焉、也、以、因、于、与、则、者、之。）

我国传统文法上将词性分为九种，称之为“九品词”。其中名词、代名词为实字类，动词、形容词、副词、介词、连词、叹词、助词等为虚字类。词语对仗的要求是：词义必须同属一类，如地理类对地理类，植物类对植物类等；词性必须基本相同，如名词对名词，动词对动词，形容词对形容词等；词句的组成形态（结构）也必须相类，即以单纯词对单纯词，以合成词对合成词，以单字词对单字词，以双字词对双字词，以三字词对三字词。另外，要避免同字相对。

对仗还要防止“偏枯”。何谓偏枯？指对仗句中的两物对一物，或以一意对两意。偏枯显得对仗不工整。例如：

燕王买骏骨，渭老得熊罴。

（杜甫《赠崔十三评事公辅》）

人烟寒橘柚，秋色老梧桐。

（李白《秋登宣城谢朓北楼》）

杜诗“骏骨”为一物，“熊罴”为两物；李诗“橘柚”为两物，“梧桐”为一物。对仗均不太工整。

在组合词的对仗上，应以主谓词组对主谓词组，并列词组对并列词组，偏正词组对偏正词组，动宾词组对动宾词组，动补词组对动补词组等，否则不能成对。下面是偏正词组与联合词组混对的例子：

农户早谋耕稼事，神州漫赏炮花云。

“耕稼”，是联合（并列）词组，意为耕田与种植，言两种事物或行为；“炮花”，是偏正词组，意为鸣炮迸裂出的火花，言一物。二者词性结构不同，不能对仗。若硬性放到上下句对仗的位置上，会导致不工，实为病联。再举几个词性不合的例子：

游荡华街逛超市，追寻时尚不惜钞。

“逛”是动词，“不”是副词；“超市”是偏正词组，“惜钞”是动宾词组。后三字因词性不同，不能构成对仗。

塔暗楼明相成趣，桥浮舫动境清幽。

此联前四字对仗是工整的，无论是词性还是句子结构都一一对应：

“明”“暗”虽是形容词，“浮”“动”虽是动词，但“塔暗”与“楼明”形成句内自对，“桥浮”与“舫动”也是句内自对，“塔暗楼明”与“桥浮舫动”又互对，这是很工整的。但后面三字却出了纰漏。先看词性，“相”是副词，用来修饰动词或动词性词组，而对应的“境”是名词，二者词性不合；“成”是动词，“趣”是名词，“清幽”却是形容词。再看语法结构，“成趣”是动宾词组，“清幽”却是联合词组；“相成趣”是偏正结构，“境清幽”是主谓结构。因此此联对仗不工整。

有人说，不能以种概念事物与属概念事物相对，否则就是对仗不工，也是偏枯。他们还举一联为例：

往昔悲唱阳关曲，今日欢歌西部篇。

持“种属不能相对”论者以“阳关”是种概念、“西部”是属概念（种属，逻辑学概念。外延大的概念叫属概念，或上位概念；外延小的概念叫种概念，或下位概念）为由，说“西部”包括“阳关”，故认定此联是偏枯。笔者认为此论未必妥当。

的确，“西部”包括“阳关”，但应具体分析具体对待，不能机械地根据这一点就草率认定此联偏枯。“阳关”因王维《送元二使安西》“西出阳关无故人”而蜚声中外，至今，很多人在诗词作品中引用它，是把它当成荒凉贫困的符号来看待的，并非实指，不必当真认为就是指的阳关这一片土地。再说，此联作为用典看待也是可以的，若用典，就可以取其某义而作象征。因此，此联并非偏枯，而是通过今昔对比，使意境得到开拓升华的基本合格联。说“基本合格”，就是说也有微瑕——“唱”和“歌”同义，有点合掌。若将“歌”改为“书”，就可避免合掌问题。关于合掌，我们在后文会专门论及。

谢榛在《四溟诗话》卷一中说："耿湋《赠田家翁》诗：'蚕屋朝寒闭，田家昼雨闲。'此写出村居景象；但上句语拙，'朝''昼'二字合掌。"周振甫不同意谢榛的意见，他在《诗词例话》中反驳道："这里举的'蚕屋朝寒闭，田家昼雨闲'，两句意思不同，'朝'和'昼'照字面看意思也不一样，谢榛以为合掌，可能认为'朝'有从朝到晚意，与'昼'字意思相同，但'朝寒'是早晨寒冷，不是一天到晚冷，所以和'昼'字并不重复；要是以'朝'与'昼'内容部分相同也算合掌，那就立论太苛刻了。"

周振甫先生所说，与前文关于对"阳关"与"西部"的判断，是同类问题，值得我们借鉴。

"种属不能相对"论点，在理论上好像是成立的，但在实践中，则是行不通的。以古人诗为例：孟浩然"茂林予偃息，乔木尔飞翻"，句中"木"对"林"，属草木门而"林"涵"木"；李白"素女鸣珠佩，天人弄彩球"，句中"人"对"女"，属人伦门而"人"涵"女"；杜甫"在家常早起，忧国愿年丰"，句中"国"对"家"，属地理门而"国"涵"家"；白居易"寅年篱下多逢虎，亥日沙头始卖鱼"，句中"日"对"年"，属时令门而"年"涵"日"；李商隐"身无彩凤双飞翼，心有灵犀一点通"，句中"心"对"身"，属形体门而"身"涵"心"。似此在唐代著名诗人律诗中尚且屡见不鲜，也没有给人以对仗不工的感觉，还成就了许多名句，看来种属类事物不是不能对仗，而是要看特定的语境以及侧重强调什么。笔者为表达这个观点，特撰一联：

一日何艰蹶，全年岂苟生？

这是一个流水对：一日光景尚且如此艰难竭蹶，（那么）他全年怎么去苟且偷生呢？"日"对"年"，属时令门，而"全年"涵

“一日”。笔者认为，这样的句子完全可以相对，没有什么对仗不工的。

用同样的道理来衡量“华夏风光好，许昌气象新”这一对仗句，“华夏”和“许昌”同属地理门，而“华夏”涵“许昌”，似乎不能相对。笔者认为，上句是说全国整个宏观的情况，下句是说许昌这个相对微观（与全国比起来）的情况，宏观与微观之别形成一种比较和烘托的关系，这没有什么不可以的。这联对仗的问题，不在于种属关系，而在于“风光好”与“气象新”两短句合掌。如果改为“华夏文明久，许昌气象新”，上句从历史的角度写华夏文明的久远，下句从当今的角度写许昌今日的新气象，就没有什么问题了。

所以，不加区别地提出“种属不能相对”的论点，在理论上是无根据的，在实践中是站不住脚的。此说要求过于苛刻，照此办理，会使一些本来很好的联句得不到肯定，窒息了艺术的生命。

五、对仗的种类

关于对仗的种类，从古至今没有统一分类的标准，各书所列类格各异，有的非常烦琐，未必适用。这里笔者在参考相关论著的基础上，按照自己的理解，谈谈对仗的分类。

（一）根据对仗用词分类的宽严程度和工整程度，分为工对、宽对和邻对。

（1）工对　工对要求对仗工整严谨，就是同一细类的相对，不仅要求同类词相对，而且相对的词范畴越小、关系越亲近、字面越对称，则对仗越工。例如以天文对天文，以人伦对人伦，以颜色对颜色，等等。

所谓词的范畴最小、关系最亲近、字面最对称，主要是说名词。前面说过，旧时把名词又分为天文、时令、地理、器物、宫室、衣饰、饮食、文具、文学、草木、鸟兽、鱼虫、形体、人事、人伦等门类。各门类中又分为若干类。同类相对便工，同一门相对更工。如：山对海（地理对）、雨对风（天文对）、花对草（植物对）、阁对楼（宫室对）都是工对。再以杜甫《旅夜书怀》的颔联为例：

星垂平野阔，月涌大江流。

“星”对“月”是天文对，“野”对“江”是地理对，而“垂”对“涌”，“平”对“大”，“阔”对“流”，在词义上也都是属于相同类型的动词、形容词的相对。像这样的对仗，叫作工对。

有些词既不属同门类，也不相邻，但在文学作品或言语中常常并列，如“人”与“地”、“天”与“地”、“诗”与“酒”、“花”与“鸟”、“金”与“玉”等，也算工对。例如：

敏捷诗千首，飘零酒一杯。

（杜甫《不见》）

感时花溅泪，恨别鸟惊心。

（杜甫《春望》）

晓战随金鼓，宵眠抱玉鞍。

（李白《塞下曲六首》其一）

草青临水地，头白见花人。

（白居易《感春》）

王力先生说，在一个对仗句中，只要多数字对得工整，就是工对（《诗词格律》）。如杜甫《蜀相》的颔联：

映阶碧草自春色，隔叶黄鹂空好音。

“映阶”对“隔叶”，“碧”对“黄”，“碧草”对“黄鹂”，“自”对“空”，“春色”对“好音”，都非常工整。尽管“阶”与“叶”、“草”与“鹂”不是名词中的同门类，但名词对名词，也还是工整的。再看中晚唐与孟郊并称为“苦吟诗人”贾岛《送无可上人》的颈联：

独行潭底影，数息树边身。

“潭”与“树”、“影”与“身”皆属不同门类，但此联却成为极工的一联。诗人自注曰：“二句三年得，一吟双泪流。”

一联诗中，只要多数字对得很好，凡五字句有四个字对得工整，就算工对了。例如杜甫《旅夜书怀》：“星垂平野阔，月涌大江流。”虽然“阔”是形容词，“流”是动词，但也算工对。又如《春望》：“感时花溅泪，恨别鸟惊心。”“时”当是时事情状，“感时”不是“有感时”，而是“为时事所感”；“别”当是“（因战乱而）离别（这件事）”。虽然“时”与“别”不属同门，但其余四字，对得非常工整，因此此联对得也很工整了。七字句有四五字对得工整，便也算工对。

对仗用数词、颜色词、方位词可以为工整增色。例如杜甫《绝句四首》其三：

两个黄鹂鸣翠柳，一行白鹭上青天。
窗含西岭千秋雪，门泊东吴万里船。

这首诗中的数词“两”对“一”，“千”对“万”；颜色词“黄”对“白”，“翠”对“青”；方位词“西”对“东”，所以历来被誉为对仗极工整的一首绝句。

又如柳中庸《征人怨》的尾联：

三春白雪归青冢，万里黄河绕黑山。

这一联的“雪”与“河”，“冢”与“山”都是名词，但属不同门类，字面亦不对称；可是因为有了“白”与“黄”、“青”与“黑”颜色词对颜色词，再加上“三”与“万”数词对数词，形成工整的气氛，这一联也为工对。

工对中联绵词只能跟联绵词相对。联绵词当中又分为名词联绵词、动词联绵词、形容词联绵词。相对的联绵词一般要词性相同。联绵词用得好，也能为对仗的工整增色。

同义词相对，似工而实拙。《文心雕龙》说：“反对为优，正对为劣。”同义词比一般正对更“劣”。有些工对未必是好对，由于对得太过整饬，反而时常凝重板滞，甚至还会造成合掌，如“房”对“室”、“别”对“离”、“懒”对“慵”、“同”对“共”等，既是同类，还是同门，若拿来相对，两句差不多是一个意思，则易成合掌。好的工对是妙手偶得，诗者不必求工太过。

（2）宽对　宽对是与工对相对而言的，宽对要比邻对的要求再宽一些。宽对是一种不很工整的对仗，它不要求相对事物的门类相同，只要词性相同和句型相同就行了，就是以名词对名词，动词对动词，形容词对形容词等；不要求名词的小类相同；不要求逐字相对。如果再宽一点，大体是实词对实词，虚词对虚词，小类词性不相同也可以相对。有时动词（尤其是不及物动词）可以和形容词相对，例如白居易《旅次景空寺宿幽上人院》：

暮钟寒鸟聚，秋雨病僧闲。

“聚”是动词，“闲”是形容词。

有时动词和名词相对，例如韦应物《淮上喜会梁州故人》：

浮云一别后，流水十年间。

“别”是动词，“年”是名词。

有时动词可以和副词相对，例如陆游《游山西村》：

山重水复疑无路，柳暗花明又一村。

“疑”是动词，“又”是副词。又如杜甫《登高》：

无边落木萧萧下，不尽长江滚滚来。

“无”是动词，“不”是副词。因为它们都是否定词，所以常用作对仗。“无”字后面必须跟名词，“不”字后面必须跟动词或形容词，“边”是名词，“尽”是动词，在词性上虽不相同，也可以认为相对（参见王力《汉语诗律学》）。

有时形容词可以和副词相对，例如杜甫《又示两儿》：

长葛书难得，江州涕不禁。

“难”是形容词，“不”是副词。

有时动词和介词相对，例如卢纶《晚次鄂州》：

三湘衰鬓逢秋色，万里归心对月明。

“逢”是动词，“对”是介词。

不论五言或七言，最后一个字常常不讲究，也允许不同词性的词相对，例如李商隐《无题》：

身无彩凤双飞翼，心有灵犀一点通。

“翼”是名词，“通”是动词。又如李白《寄淮南友人》：

不待金门诏，空持宝剑游。

“诏”是名词，“游”是动词。

一般来说，律诗的对仗以宽对为多。

如果有天然佳句，即使字面对仗不工，也无损于毫末。例如刘长卿《别严士元》一诗的颈联：

日斜江上孤帆影，草绿湖南万里情。

“日斜”与“草绿”既非同类，亦非邻类，只是语法结构相同，然而并无碍此联成为佳句。再如杜甫《月夜忆舍弟》的颈联：

有弟皆分散，无家问死生。

“皆”对“问”，副词对动词，不同类词相对，属宽对。再如杜甫《秋兴八首》其三的颈联：

匡衡抗疏功名薄，刘向传经心事违。

诗句意为：学匡衡那样上疏直谏结果功名不就，像刘向那样授徒传经也事与愿违。形容词“薄”对动词“违”，是为宽对。再如李白《登金陵凤凰台》的颈联：

三山半落青天外，二水中分白鹭洲。

“青天外”与“白鹭洲”相对，词性词组对得也不那么工整，“外”为方位词，“洲”属地理门，两词非同类，但都是名词，“青天外”与“白鹭洲”语法结构也不相同，应是宽对。

（3）邻对　近体诗对仗中的一种，其工整度介乎工对和宽对之间。邻对，就是用门类相近的词相对。王力先生把邻对分为二十类，现分别举例如下：

1. 时令对天文。例如：

晓来江气连城白，雨后山光满郭青。

（张籍《寄和州刘使君》）

2. 地理对天文。例如：

山从人面起，云傍马头生。

（李白《送友人入蜀》）

3. 地理对宫室。例如：

海云迷驿道，江月隐乡楼。

（李白《寄淮南友人》）

4. 宫室对器物。例如：

暗淡屏帏故，凄凉枕席秋。

（白居易《赠内子》）

5. 衣饰对器物。例如：

傅母悲香褓，君家拥画轮。

（王维《恭懿太子挽歌五首》其三）

6. 器物对文具。例如：

得意紫鸾休舞镜，能言青鸟罢衔笺。

（刘禹锡《怀妓四首》其一）

7. 饮食对衣饰，例如：

断粝作饭终年饱，大布裁袍称意宽。

（陆游《冬夜读史有感》）

8. 文学对文具。例如：

兵书封锦字，手诏满香筒。

（张籍《老将》）

9. 动物对植物。例如：

鹊辞穿线月，花入曝衣楼。

（李贺《七夕》）

10. 形体对人事。例如：

泪逐劝杯下，愁连吹笛生。

（杜甫《泛江送客》）

11. 代名对人伦。例如：

怜尔解临池，渠爷未学诗。

（王维《戏题示萧氏甥》）

12. 疑问代词及“自、相”等字与副词。例如：

谁言断车骑？空忆盛衣冠。

（王维《故太子太师徐公挽歌四首》其四）

13. 方位对数目。例如：

巫峡中心郡，巴城四面春。

（白居易《感春》）

14. 数目对颜色。例如：

相随万里日，总作白头翁。

（杜甫《寄贺兰铦》）

15. 人名对地名。例如：

殷王期负鼎，汶水起垂竿。

（李白《送梁四归东平》）

16. 同义对反义。例如：

城池经战阵，人物恨存亡。

（张谓《别睢阳故人》）

17. 同义对联绵。例如：

一自分襟多岁月，相逢满眼是凄凉。

（刘禹锡《赠同年陈长史员外》）

18. 反义对联绵。例如：

雁行断续晴天远，燕翼参差翠幕斜。

（刘兼《春晚闲望》）

19. 副词对连介词。例如：

来往皆茅屋，淹留为稻畦。

（杜甫《自瀼西荆扉且移居东屯茅屋四首》其二）

20. 连介词对助词。例如：

畅以沙际鹤，兼之云外山。

（王维《泛前陂》）

用门类相近的词相对，就是邻对。例如杜甫《船下夔州郭宿雨湿不得上岸别王十二判官》：

风起春灯乱，江鸣夜雨悬。
晨钟云外湿，胜地石堂烟。

“风”对“江”是天文对地理，“灯”对“雨”是器物对天文，“钟”对“地”是器物对地理，“外”对“堂”是方位对宫室，大都属于门类相近的词相对，个别是门类较远的词相对。又如王维的《使至塞上》：

征蓬出汉塞，归雁入胡天。

以“雁”对“蓬”，是动物对植物，以“天”对“塞”，是天文对地理。又如杜甫《春夜喜雨》：

随风潜入夜，润物细无声。

野径云俱黑，江船火独明。

“风”对“物”是天文对器物，“夜”对“声”是时令对形体，“径”对“船”是地理对器物，“云”对“火”是天文对天文，多数也是邻对。这种情况是很多的。

以上谈了工对、宽对、邻对。实践中，工对、邻对和宽对之间的界限其实是很难分清的。有的名词虽不属同一门类，但是相邻，如天文对时令、地理，器物对衣饰等，也能成为工对。

很多对仗句常常是工对、邻对、宽对混在一起，难以区分。很难说它们究竟是工对还是宽对，似乎也没有区分的必要。如“松径僧寻药，沙泉鹤见鱼”（贾岛《送唐环归敷水庄》），“松径”对“沙泉”是工对，“僧”对“鹤”、“药”对“鱼”是宽对。“眼穿吾落日，心死著寒灰”（杜甫《喜达行在所三首》其一），“眼穿”对“心死”是工对，“落日”对“寒灰”是宽对。这样的对仗，随处可见。我们没有必要处处都去严格判断其是工对、宽对还是邻对，即便判断了也未必绝对准确。

前人律诗颈联对仗大多较为工整，如果对仗不太工整或者完全不对仗，则多出于颔联。如苏轼的《和子由渑池怀旧》中二联：

泥上偶然留指爪，鸿飞那复计东西。 （意对）

老僧已死成新塔，坏壁无由见旧题。 （宽对）

其实，这个颔联若从词语活用或者从借义对、当句对的角度来说，也可以不认为是意对。“泥上”的“上”这里作为方位词，可以借义对以“上”作动词，这样与“飞”就能相对了；“指爪”与“东西”都是并列结构名词，皆句内自对，然后再互对，也是工整对仗。唯“偶然”“那复”稍欠工。既然其他词语对仗工整，此联也是较为工整，起码是宽对了。

工对在修辞美和文字整齐美上有其优长，但不能认为工对即优，也不能认为只有工对才优，更不能认为宽对和邻对就一定逊色于工对。判断一个对仗句是否优美，要根据其表达的意境思想以及传达的精神等来综合判断，还要寻求自然洒脱，若过于拘谨，往往束缚作者思想感情的充分表达。形式应服从于内容，诗人不应该为了追求工对而损害了思想内容。王力先生说："在一个对联中，只要多数字对得工整，就是工对……超过了这个限度，那不是工整，而是纤巧。一般地说，宋诗的对仗比唐诗纤巧；但是宋诗的艺术水平反而比较低。"（《诗词格律》）诗人要在充分表情达意、深化意境的前提下，该工则工，该宽则宽。宽对虽然其工整严谨不如工对，但咏物抒情较工对方便，而且若对得好，则别有风致。

（二）对仗按上下两句的关系来分，有正对、反对、流水对三种。

（4）正对　出句、对句的意思是同一方向并立的，是相同或相近的两项内容相互补充，相互烘托。例如：

伯仲之间见伊吕，指挥若定失萧曹。

（杜甫《咏怀古迹五首》其五）

伊尹、吕尚、萧何、曹参都是政治军事方面杰出的人才，杜甫把诸葛亮比作"伊尹、吕尚"与"萧何、曹参"，并以此相对，赞扬了诸葛亮的政治军事才能。这是正对。再如：

楼船夜泊瓜州渡，铁马秋风大散关。

（陆游《书愤》）

上句写虞允文等在瓜州、采石一带抗击金兵的事迹，下句写吴璘在宝鸡一带抗金，收复大散关的胜利，二者都围绕着抗金活动而同方向展开，表现了诗人对抗敌力量的自信和对战斗生活的向往。也是正对。再如：

吴宫花草埋幽径，晋代衣冠成古丘。

（李白《登金陵凤凰台》）

血埋诸将甲，骨断使臣鞍。

（杜甫《王命》）

破帽遮颜过闹市，漏船载酒泛中流。

（鲁迅《自嘲》）

这类对仗虽然上下两句意思是同一方向并立，各具意义，各有侧重，内容虽并不相同，但相互补充，相互映衬，共同表现了一个主题。

正对上下两句的内容，须力避同义、近义。因为短小的近体诗中，空间是有限的，须惜墨如金，尽可能多地表现丰富的物态，若出现内容重复，哪怕是一点，也会使诗作显得臃肿、苍白，甚至诗意重复、繁杂、乏味。

（5）反对　出句、对句的意思反向并立，构成对仗的两组词的意义相反，具有强烈对比、映衬作用。例如：

战士军前半死生，美人帐下犹歌舞。

（高适《燕歌行》）

世间富贵应无分，身后文章合有名。

（白居易《编集拙诗成一十五卷因题卷末戏赠元九李二十》）

横眉冷对千夫指，俯首甘为孺子牛。

（鲁迅《自嘲》）

新松恨不高千尺，恶竹应须斩万竿。

（杜甫《将赴成都草堂途中有作先寄严郑公五首》其四）

“死生”对“歌舞”、“无分”对“有名”、“横眉”对“俯首”、“冷对”对“甘为”、“新松”对“恶竹”，这类对仗揭示矛盾尖锐，表达爱憎分明，形象对比强烈，具有很强的艺术感染力。

（6）流水对　又名串对。流水对的上下句在意义上是互相依存的一个整体，若只取一句，或者两句意思都不完整，或者有的结构不能独立。出句与对句的意思是延续的，两句只可连贯起来理解，不可分割，次序不可颠倒，像水顺流而下，故称流水对。如杜甫《闻官军收河南河北》的尾联：

即从巴峡穿巫峡，便下襄阳向洛阳。

这两句有前后相承接的关系，必须是从四川的巴峡到达巫峡，然后才能再从襄阳到达洛阳，先后的次序不能倒置。而语句的关系上，是上句引出下句，下句承接上句，两者构成一个顺承复句。而这两句中词语构成的对仗有如流水，从上游流到下游。

又如牛蕴《感袁崇焕蒙冤受刑万民争啖其肉》的颈联：

不是一君能草草，哪来百姓共昏昏。

这是因果关系的流水对，由于魏忠贤余党的诬陷，再加上皇帝朱由检的昏庸，明末抗清名将、爱国将领袁崇焕被凌迟处死，不明就里的百姓争啖其肉，造成了巨大的历史悲剧。

流水对用在首联、颔联、颈联、尾联的都有，用在颔联的相对更多。这是因为一方面流水对不易做到对仗都均齐，而颔联较颈联来说，要求对仗工整程度相对较低；另一方面，颔联出现流水对，对仗即便不那么均齐，由于其轻灵跳脱，便于为颈联营造一种对比的氛围，颔联跳脱，颈联工稳，整体上增加了诗的魅力。

流水对用得好，一气呵成，语意连贯，如行云流水，亦可增强诗的艺术感染力。

(关于流水对的详细内容，后有专文阐述)

(三) 对仗按不同的技巧和特点，分为借对、当句对、扇面对、错综对、叠字对、双声对、叠韵对、掉字对、问答对、浑括对、逆挽对等。

(7) 借对　又称双关对。这种对仗从词的一般意义或字面上看不能相对，但其中的词有另一种意义和属性，或者由于是多义词，借其某一字义相对；或者由于谐音，借字音相对，统称为借对。

①借义对：借义是利用词的多义性，通过一个词的某一种意义与相应的词构成对仗。一字（词）多义的，诗中用甲义，同时又暗借其乙义或丙义跟联句中相应的字（词）相对。如七律《到韶山》的颈联：

为有牺牲多壮志，敢教日月换新天。

"牺牲"是动词，"日月"是名词，从词性上看二者不对仗。但是，此联却是很好的对仗句。这是因为，"牺牲"还有另一意义——古代把作为祭品的牲畜称为"牺牲"，色纯为"牺"，体全为"牲"。按此词义，"牺牲"就是并列性名词，就可以与"日月"相对了。从上下两句的关系看，这一联还是流水对。此外，"牺"与"牲"彼此相对，"日"与"月"彼此相对，这一联又是"当句对"。所以这一联分属三种类型，对仗非常工整。再如杜甫的《曲江》：

酒债寻常行处有，人生七十古来稀。

"寻常"一词具有多种含义，一为"平常"，是副词，这是诗中所用意义；一是古代长度单位，"八尺为寻，倍寻为常"，是数词。这里用"寻常"来对数词"七十"，借用的是它数量方面的含义，而诗中本意却是它副词"平常"的意义，这就是"借义对"。

又如刘禹锡《西塞山怀古》的颔联：

千寻铁锁沉江底，一片降幡出石头。

单看后两字，“江底”是名词加方位词，“石头”是石头城的简称，是地名，二者属性不同。其实此联是巧用借对。“头”其一义也是方位词，可作方位词后缀，如“上头”“后头”，又可作名词后缀，如“心头”“滩头”等。刘诗是在字面上巧借“头”具有方位字义后缀功能来与“底”对仗的，从字面上看很工整。

再如温庭筠《苏武庙》：

回日楼台非甲帐，去时冠剑是丁年。

“甲帐”，据《汉武故事》记载：武帝“以琉璃、珠玉、明月、夜光，错杂天下珍宝为甲帐，其次为乙帐。甲以居神，乙以自居。”“非甲帐”意指汉武帝已死。“冠剑”，指苏武出使时的装束。“丁年”，壮年。唐朝规定二十一岁至五十九岁为丁。在诗句里，“甲”是甲乙的“甲”，“丁”是丁壮的“丁”，二者本不同类。但“丁”借丙丁的“丁”字义，“甲”“丁”同属天干，互为对仗，极为工整。

②借音对：一个字有两个以上的读音，诗中用的是甲音，但同时借它的乙音（或丙音）来与另一字相对。

这就是说，两句之中词语互对，如果它们语义上毫无联系，不能形成对仗，就借助它们字音上的同音联系，也能造成对仗。但要注意，借音对字与字之间必须是同音关系，甲字的发音跟乙字（或丙字）的发音必须相同，声调也最好相同。诗中用甲字，借同音的乙字（或丙字）跟联句中相应的字相对。借音对中所用词语，字面上看与对应句的字义、词性一点也不相干，但读其音我们可以联想到另一个字，而联想到的这个字与相对应位置的字词性相同，从而借其音所代表的字与相对应的字形成对仗。这也就是一种特殊形式的工对了。借音多见于颜色对。如释惠洪《天厨禁脔》：

残春红药在，终日子规啼。

以“红”对“子”，“子”谐音“紫”。再如杜甫《秦州杂诗二十首》其三：

马骄珠汗落，胡舞白蹄斜。

“珠”与“朱”同音，可与“白”相对。再如杜甫《恨别》：

思家步月清宵立，忆弟看云白日眠。

因为“清”与“青”同音，所以借“清”为“青”，与“白”相对。再如李商隐《锦瑟》：

沧海月明珠有泪，蓝田日暖玉生烟。

“沧”字发音与颜色词“苍”字同，所以可与同为颜色的“蓝”字相对。

借音对也有借音动物词的。如孟浩然《裴司士见寻》：

厨人具鸡黍，稚子摘杨梅。

“杨”与“羊”同音，借“杨”为“羊”，以与出句中“鸡”字相对。

杜甫在《哭李常侍峄二首》其二诗中还有一联利用人伦门的借音对：

次第寻书札，呼儿检赠诗。

此联，借“第”之“弟”音，与“呼儿”的“儿”相对。

借音对也有谐音数字相对的。如张子容《除夜乐城逢孟浩然》：

樽开柏叶酒，灯发九枝花。

“柏”与“百”谐音，与“九”相对，形成数字对。

借音对也有用于季节对的。如张乔《试月中桂》：

根非生下土，叶不坠秋风。

诗人写的是月中桂树，言桂树的根生长在月宫之中，而非生于尘世之上，桂叶也不会随着秋风落到地上。这里“下”与“夏”同音，借“夏”音与“秋”相对，把本来词性不合的“下”与“秋”，转换成了季节名“夏”“秋”的对仗。

（8）当句对　也叫就句对、互成对，就是先句内自对，对句相应位置也句内自对；在此基础上，出句与对句又双双成对。当句对的基本要求还是两句互对，但有一句用了当句对，另外一句也必须要用当句对，这样才能两两相配，形成对仗的格局。当句对给人以对中有偶的感觉，增进了对仗的形式美。两句中分别自对而又上下两句相对，哪怕上下句两两相对的词语不是同类对，字面上看不是那么工整，由于分别在本句内同类词语相对工整，就有了两两相对的意思，也算是工对。例如李商隐《风雨》的颔联：

黄叶仍风雨，青楼自管弦。

上句“风”对“雨”，下句“管”对“弦”，属句内自对，“风雨”又和“管弦”相对。“风雨”属天文门，“管弦”属文具门，虽不是一个门类，但由于上下句是句内自对，再加上两句相对，也是工对。再加上“黄叶”与“青楼”亦成对，这个联句是工整的对仗。再如李商隐《当句有对》：

但觉游蜂绕舞蝶，岂知孤凤忆离鸾。

句内“游蜂”对“舞蝶”，“孤凤”对“离鸾”，上下句又两两相对，构成工对。又如李白《寄王汉阳》：

笛声喧沔鄂，歌曲上云霄。

其中“沔”与“鄂”地名自对，“云”与“霄”天文自对；“沔鄂”与“云霄”又相对（地名对天文），应视为工对。

当句对再加上出句对句词性相同，则对仗更为工整。例如：

吴楚东南坼，乾坤日夜浮。

（杜甫《登岳阳楼》）

九天阊阖开宫殿，万国衣冠拜冕旒。

（王维《和贾至舍人早朝大明宫之作》）

以上两例，各有四个双字词自对，其中“吴”与“楚”、“东”与“南”，“乾”与“坤”、“日”与“夜”分别构成当句自对；“吴楚”对“东南”，“乾坤”对“日夜”，“阊阖”对“宫殿”，“衣冠”对“冕旒”，是二重当句自对。四词词性相同，都是名词，自对后出句对句再相对，所以此二联对仗十分工整，都是难以企及的工对名句。

相同词类相对，是大家公认的对仗原则。但有时律诗的当句对从上下句来说，词性却不同，例如王维《汉江临眺》的颔联：

江流天地外，山色有无中。

“天地”是名词，与之对应的“有无”是动词，这样看来词性不合，它们能对仗吗？原来“天地”是名词性联合词组，“天”与“地”本身自对；同理，“有无”是动词性联合词组，“有”与“无”本身也自对。这种当句自对，出句“天地”与对句“有无”相对者，尽管词性不相同，对仗仍是工整的。

“江流天地外”的“流”字，可以解释为名词“流水”，也可以解释为动词“流动”，由于有“山色有无中”作参照物，读者会选择名词“流水”的解释来满足对仗的需要。

按照古代的词性分类原则，名词和代名词为实字，名词以外的其他词（动词、形容词、副词、方位词等）统为虚字。“有无”属虚字，“天地”属实字，“有无”对“天地”就构成虚实对。一般的对仗，要求实字对实字，虚字对虚字。而虚实对就打破了这一规则。不过虚实对的应用是有条件的，即两个并列的虚字与实字先在当句两两相对，再与对句相应词相对。离开这个条件，虚字与实字仍不能相对。如孟浩然《舟中晓望》的颔联：

舳舻争利涉，来往接风潮。

“舳舻”指首尾衔接的船只，形容船多。舳，船尾；舻，船头。“利涉”有二解，一指抓住有利的时机涉渡远航，二指代舟楫。此处“利涉”应是“涉渡”意。“舳舻”“风潮”均为名词；“利涉”“来往”均为动词。先“舳舻”“利涉”“来往”“风潮”分别自对；然后再以“舳舻”对“来往”，“利涉”对“风潮”。由于有了当句对，上下句虽名词与动词相对，也是工整的了。有的诗论认为此联不对仗，恐是忽略了当句对原则。

再按照虚实对衡量：“舳舻”为实字，“来往”为虚字；“利涉”为虚字，“风潮”为实字。如此相对，在构成当句对的同时，上下句也构成了虚实对。此联也可以纳入错综对（交股对）之列（见下面介绍之错综对）。

又如王冕《庆寿寺》：

徘徊增感慨，历落问英雄。

“感慨”是动词，二者是并列结构，“感”与“慨”形成句内自对；“英雄”是名词，二者也是并列结构，“英”与“雄”形成句内自对；然后“感慨”与“英雄”又互对，从而形成工整的对仗。

当句对在唐代许多名家作品中都有成功使用的先例，请看：

亲朋无一字，老病有孤舟。

（杜甫《登岳阳楼》）

“亲”与“朋”名词自对，“老”与“病”形容词自对，再以名词“亲朋”与形容词“老病”相对，形成工对。

三顾频烦天下计，两朝开济老臣心。

（杜甫《蜀相》）

形容词“频”与“烦”、动词“开”与“济”先分别自对，再以“频烦”与“开济”相对，形成工对。至于“顾”与“朝”，后文再说。

身多疾病思田里，邑有流亡愧俸钱。

（韦应物《寄李儋元锡》）

名词“疾”与“病”、动词“流”与“亡”先分别自对，“疾病”再与“流亡”相对，也是自对后再相对。

牛蕴《登江西宜春明月山》诗颈联有句：

阳斜明暗出，雪映草苔鲜。

某诗刊编辑曾以“明暗”与“草苔”词性不合（“明暗”是形容词，“草苔”是名词）建议修改，尽管当时笔者也不太清楚当句对的规则，但以词性活用为据坚持未做修改（“明暗”可视为明处和暗处，活用为名词）。今天看来即便把“明暗”作形容词看待，也是典型的当句对：形容词“明”对“暗”，名词“草”对“苔”，先形成句内自对；然后再“明暗”对“草苔”，此联对仗是工整的。

以上例句，先本句内自对再联句相对，虽上下句相对的词词性不同，意思相距又甚远，打破并超出了传统的对仗门类，但可以构成对仗，且是工对。当句对丰富和扩大了对仗手法，给作者以灵活机动的余地，使联句多彩多姿。应当指出，上述这种自对，均为词性相同的并列（联合）式。这种并列（联合）式可以是同义（近义）并列，如“疾、病”“流、亡”；也可以是反义并列，如“天、地”“有、无”。最好是同义并列对同义并列，反义并列对反义并列。

当句对还有一种形式，是同一句中前后两个双字词相对，双字词本身既可以是并列（联合）式，也可以是非并列式（包括偏正、主谓、动宾结构等）。例如王维《春日与裴迪过新昌里访吕逸人不遇》：

城上青山如屋里，东家流水入西邻。

“城上”对“屋里”，“东家”对“西邻”，四词都是偏正式，这两句对得很工整。虽然上下句相应的字对得不工，如“城”对“东”，“上”对“家”，但由于句内自对，这联对仗也很工整了。诚如王力先生所言，出对句“既自对而相对，虽宽而亦工”（《汉语诗律学》）。

当句对相对，需要注意的是，双音词都应该并列式对并列式，偏正式对偏正式，这才是工对；如果二者混对，并列式与偏正式相对，那就不是当句对。如“鲸鲵他日依夔府，清橘当年傍秭归”，“鲸鲵”对“清橘”，前者为两种动物，后者为一种植物，二者相对，自有偏枯之嫌；“岂无国士知忧乐，空怨重华事远游”，“忧乐”为动词性并列词组，“远游”是动词性偏正词组，不能相对。

运用当句对还要注意，句中自对的上下句必须完整、对应。出句是句中自对的句子，对句也必须是句中自对的句子。如果对句或出句只有其一是句中自对的句子，另一句同位置却不自对，则不能成对。例如：

碧血丹心育桃李，一支朱笔写青春。

这一联仅出句自对，即“碧血”与“丹心”自对，而对句的“一支”与“朱笔”却不自对，因此，此联“碧血丹心”与“一支朱笔”就不对仗。

(9) *扇面对* 也叫扇对、隔句对，是诗、词、曲对仗的一种形式。王力先生《汉语诗律学》论近体诗对仗时说：“上一联出句和下一联出句相对，对句亦与对句相对。这种对仗叫作隔句对，《中原音韵》论曲时称为扇面对。”这种对仗与其他对仗的结构不同：扇面对各联中的出句和对句，本身不构成对仗，它是隔句相对。四句组成两个对仗，第一句跟第三句相对，第二句跟第四句相对。这种对仗，打破了诗歌出句与对句相对的格局，改为隔句对仗的形式，就一联来看，未用对仗，但两联结合，却有工整的对仗。例如白居易《夜闻筝中弹潇湘送神曲感旧》前四句：

缥缈巫山女，归来七八年。
殷勤湘水曲，留在十三弦。

“缥缈巫山女”与“殷勤湘水曲”相对；“归来七八年”与“留在十三弦”相对。又如郑谷《将之泸郡旅次遂州遇裴晤员外谪居于此话旧凄凉因寄二首》其二：

昔年共照松溪影，松折溪荒僧已无。
今日还思锦城事，雪销花谢梦可殊。

“昔年共照松溪影”与“今日还思锦城事”相对；“松折溪荒僧已无”与“雪销花谢梦可殊”相对。又如杜甫《哭台州郑司户苏少监》：

得罪台州去，时危弃硕儒。
移官蓬阁后，谷贵殁潜夫。

“得罪台州去”与“移官蓬阁后”相对；“时危弃硕儒”与“谷贵殁潜夫”相对。

上述三首诗的例句都是一、三句相对，二、四句相对，十分工整。

扇面对在诗中不多见，而在词（曲）里面，如《沁园春》等长调中却是常见的。例如《沁园春·雪》的扇面对：

望长城内外，惟余莽莽；
大河上下，顿失滔滔。
惜秦皇汉武，略输文采；
唐宗宋祖，稍逊风骚。

（10）错综对　亦称蹉对、交络对或交股对，这是按调字遣词的方法来分的一种特殊的对仗。其特点是，对仗时字词不是按上下句对应位置直接相对，而是调换位置交错相对，或者说相对的词语处于错综交叉的情况。有时候，下句若按固定的位置措辞对仗，会与上句对应的词不合平仄，或不合韵脚，或不顺句，而无法成对。这时候就不能拘泥于原来的固定位置，而是需要颠倒换位，形成错综相对的句式。如李群玉的《同郑相并歌姬小饮戏赠》：

裙拖六幅湘江水，鬓耸巫山一段云。

“巫山一段”实为“一段巫山”。本应“湘江”与“巫山”相对，“六幅”与“一段”相对，但如果上下句同位相对，对仗是工整了，平仄却不谐了。故必须换位相对才能符合平仄黏对的规则。可以看出，错综对是无奈之举、权变之举。但既然有此规则，也应该是合理的。再如刘禹锡《始闻秋风》的首联：

昔看黄菊与君别，今听玄蝉我却回。

这一联中“君”与“我”相对，但错了位置。因为“我却回”若改为“却我回”就生涩别扭，用错综对显得本对顺句。又如前面提到的孟浩然《舟中晓望》的颔联：

舳舻争利涉，来往接风潮。

这里是按“舳舻”对“风潮”，“利涉”对“来往”来看待的，这几个词都不在相同位置，而是交错相对。这种错落开来的对仗反而别有风致，又开辟了一条对仗的途径。这一联诗句，无论用当句对标准来衡量，还是用错综对标准来衡量，都是对仗句。

错综对是以格律正确为前提的，正是为了调格律、调韵脚等才使用错综对。若出律（不符合联律），是不能算作错综对的。比如某诗友《中元节》诗中对仗句：“秋声承古俗，时食迎祖先”，“迎祖”二字出律，这就不能说是错综对。何况本诗句其词序也的确没有错综排列。

错综对一般都是在词语对仗安排与所要表达的诗意或格律发生矛盾的时候的一种补救方式，或是为了意通句顺，或是为了押韵，或是为了符合平仄要求，或兼而有之。这种情况只是偶然有之，且一般读者不易看出来。若必须要用，建议加注说明是什么对仗形式，免得被人误判。

（11）叠字对　又称连珠对，就是在联句中用叠字两两相对的对仗形式。在叠字对中，各叠韵词所描写的内容都要有所不同，不尽相合，从不同的侧面分别展开。比如有状声、状色、状形、状时、状态、状物的区别，才能在描写中表现丰富的内容。例如王维

《积雨辋川庄作》的颔联：

漠漠水田飞白鹭，阴阴夏木啭黄鹂。

其中“漠漠”与“阴阴”便是叠字对。叠字对运用十分常见，例如：

晴川历历汉阳树，芳草萋萋鹦鹉洲。

（崔颢《黄鹤楼》）

无边落木萧萧下，不尽长江滚滚来。

（杜甫《登高》）

消冰融雪淙淙水，舞燕歌鹂款款风。

（牛蕴《二月二》）

诗歌中叠字用得好，表情达意或强烈，或委婉，或深沉；状物描景绘声绘色，可见可闻；并且读起来掷地有声，显示其音律美。但叠字不宜在同一首诗中重复使用。

还有一点要注意的是，叠字对要用得恰到好处，不能随意凑合，要反复推敲，尽量用得准确。例如形容流水，有潺潺、汩汩、滔滔、滚滚、湍湍等叠字，用哪一组叠字最适合，不光要考虑符合格律的要求，还应依诗人表现的对象而定。上述叠字，表现的水流流量、速度形态等各有不同，暗含的情感也有差别，在选词时就需要细致斟酌。

（12）双声对、叠韵对　双声词互对叫双声对，叠韵词互对叫叠韵对。

双声词，就是两个汉语拼音声母相同的联绵词。叠韵词，就是两个汉语拼音韵母相同的联绵词。例如联绵词“仿佛”两字的声母都是“f”，“仿佛”一词就叫双声词。联绵词“依稀”两字的韵母都是“i”，“依稀”一词就叫叠韵词。

双声对如白居易《望月有感》的颔联：

田园寥落干戈后，骨肉流离道路中。

“寥落”和“流离”都是双声词，故此联是双声对。再如许浑《寻周炼师不遇留赠》：

零落槿花雨，参差荷叶风。

“零落”和“参差”都是双声词，故此联是双声对。

双声对运用得当，就好像贯珠相连，能够造成听觉上的连续呼应和音乐上的节奏感。

叠韵对如朱淑真《元夜三首》其三：

但愿暂成人缱绻，不妨常任月朦胧。

“缱绻”和“朦胧”都是叠韵词，这个对仗就称叠韵对。又如鲁迅《悼柔石》：

梦里依稀慈母泪，城头变幻大王旗。

“依稀”和“变幻”都是叠韵词，这也是叠韵对。

叠韵对在近体诗中的应用远胜于双声对。叠韵对运用得好，可使对仗句铿锵婉转，优美动听，吟诵后仍有袅袅不尽之余韵。

还有一种双声叠韵对。对仗中，有时为了诗意的表达，双声词也可以与叠韵词相对，这种形式就称为双声叠韵对。如杜甫《宿府》的颈联：

风尘荏苒音书绝，关塞萧条行路难。

“荏苒”是双声词，“萧条”是叠韵词，构成双声叠韵对。双声叠韵对是一种变通的方式，既照顾了对仗语音修辞方面的需要，也给诗人用词提供了便利。

（13）掉字对　又叫双拟对、拱璧对、巧变对，就是同一句中使用相同的字作对仗，也就是在一句之中有两个相同的字间隔连用，再两两相对的格式。如“水底月为天上月，眼中人是面前人”。

前面说过，避免同字相对是近体诗的一项规则，就是一首诗中一般不能有重复的字，尤其是对仗的上下句之间更不能重字，这是诗界公认的。但另当别论的是，出于修辞的需要，或者为了重点强调什么，在同一句诗中出现“有序”重复的字，却是允许的。掉字对就是在对仗的一句之中用两个相同的字，这两个字本句自对，又与一联之中的下句相同词性、相同结构的字两两相对。杜甫的七律中掉字对很多，用得很精妙，如《江村》的颔联：

自去自来梁上燕，相亲相近水中鸥。

出句中的两个“自”字与对句中的两个“相”字相对，形成掉字对。再如《曲江对酒》的颔联：

桃花细逐杨花落，黄鸟时兼白鸟飞。

出句中的两个“花”字与对句中的两个“鸟”字相对，形成掉字对。再如杜牧《题宣州开元寺水阁阁下宛溪夹溪居人》：

鸟去鸟来山色里，人歌人哭水声中。

上句间隔用了两个“鸟”字，下句同一位置也间隔用了两个“人”字，“鸟”字与“人”字对仗，形成掉字对。

值得一提的是，掉字对同时也是当句对。以上述杜甫“桃花”“黄鸟”联为例，“桃花”与“杨花”句内自对，“黄鸟”与“白鸟”句内自对；“桃花”“杨花”“黄鸟”“白鸟”均是偏正结构；上下句又彼此相对，所以全联是工整的对仗。再如杜牧联“鸟去”“鸟来”“人歌”“人哭”均为主谓结构，先各自形成句内自对，然后上下句再相对，形成工整的对仗。因此，掉字对实际上是同字对与当句对的结合，更能增加对仗工整的气氛，同时读起来朗朗上口，显示其音律美。

（14）问答对　此种对法，以一问一答方式为之。但答语不可过于直率。有的问而不答，引起读者思考；有的把诗意宕开，显出含蓄与蕴藉。例如秦韬玉《贫女》的颔联：

谁爱风流高格调？共怜时世俭梳妆。

这两句意为：谁能爱“我”不同流俗的高尚品格和情调？却都喜欢时下正流行的奇形怪状的打扮（俭梳妆：意为奇形怪状的打扮。俭，也有人认为通“险”）。诗人刻画贫女形象把她放在与社会环境的矛盾冲突中，通过独白揭示她内心深处的苦痛。

又如苏轼《侄安节远来夜坐三首》其二的颔联：

永夜思家在何处？残年知汝远来情。

此为苏轼被贬黄州，堂侄安节赴黄州探望时所写。上句写自己思乡长夜难眠，“家在何处”是说离家遥远；下句说侄儿年末远来看望，带来了家乡堂兄的情意。被贬的凄苦和伤感隐在诗句的字里行间，也表达了诗人与堂兄之间的深情厚谊。

再如杜甫《奉济驿重送严公四韵》的颔联：

几时杯重把？昨夜月同行。

“杯重把”按正常语序应为“重把杯”，为了调平仄和对仗的需要，用了“杯重把”。从这点来说，这里运用了错综对手法。但全联运用的另一对仗手法，却是问答对。今日在此别离，不知何时才能再欢乐相聚、把酒痛饮？昨天夜里，我们还一起在月下行走呢！表达了诗人与严武难舍难分的情状和深厚的友谊。

问答对，往往为引起读者注意而设。许多是诗人无疑而问，或者为了使诗文激起波澜，或者给读者造成悬念，或者突出诗人欲表达之意念。至于有无答案则无关紧要，或者答非所问而将语意宕开，给予读者更广阔的思考余地和欣赏空间。例如牛蕴《应网上图而作》的颔联：

云水迢迢流甚处，宇寰漠漠入何年？

此联只提出两句追问，但却问而不答，增加了诗的婉曲含蓄感，引起了读者对世间万物万象的深入思考。

（15）浑括对　只意对而字面不对者，称为浑括对。浑括意为总括、概括。浑括对实为宽对。如杜甫《咏怀古迹五首》其五的颈联：

伯仲之间见伊吕，指挥若定失萧曹。

伊吕指伊尹和吕尚（姜子牙）。伊尹是商代开国君主汤的大臣，吕尚辅佐周文王、周武王灭商有功。萧曹指萧何和曹参，都是汉高祖刘邦的谋臣，汉初的名相。诗人盛赞诸葛亮的人品与伊尹、吕尚不相上下，而胸有成竹、从容镇定的指挥才能使萧何、曹参为之黯然失色，表现出极度崇尚之情。伯仲指兄弟排行的次序，亦代称兄弟。“伯仲之间”形容人才能相当，不相上下。“伯仲之间”与“指挥若定”，在字面上虽不甚工整，然整联看来，意思却铢两悉称，严丝合缝。

其实，这联诗句大多数词语是对仗的。“伯仲”“伊吕”“指挥”“萧曹”各词都是并列式，在词内自对，上下句各对应词又两两相对；“见”与“失”又是动词相对；唯有字面不太工整的是“之间”与“若定”。

（16）逆挽对　指两句先倒叙而又成对。所谓逆挽，多指诗文创作时，作者不按事件发生的时间顺序、逻辑顺序来写，而是颠倒一下，先说后面，再说前面，类似今天说的倒叙法。或先写眼前之事物后忆过去之景物，或先说结果后点原因；也指诗文前后内容风格不同，大异其趣。如温庭筠《苏武庙》的颈联：

回日楼台非甲帐，去时冠剑是丁年。

这一联写苏武“回日”所见所感。苏武从出使到归国，时间已过了十九年，归来之日，人事皆非。苏武出使时汉武帝为之赐节饯行，他自己那时也正在壮年。可是归汉之“回日”，汉室江山虽然依旧，往日的楼台殿阁虽然依旧，但当日的“甲帐”却不复存在，武帝早已逝去，人事也迥然有异于前了。这里面包含了极其深沉的物是人非、恍如隔世的感慨，隐含着对武帝的追思。

此联先说“回日”，后述“去时”，诗评家称之为“逆挽法”，认为可以“化板滞为跳脱”（沈德潜《唐诗别裁》）。其实，由“回日”忆及“去时”，以“去时”反衬“回日”，这明显的对比暗示了苏武个人生命历程的转换，是对苏武留胡十九年时间之长，所经受的磨难之多的形象描绘，更能增加世事沧桑之感。

又如李商隐《马嵬》其二的颈联：

此日六军同驻马，当时七夕笑牵牛。

这首诗通过马嵬坡之变来借古讽今。当遇到“六军不发”时，杨贵妃的结果会怎样呢？只落得个被唐玄宗赐死的悲惨下场。然而唐玄宗当年七夕和杨贵妃“密相誓心”的时候，讥笑牵牛、织女一年只能相见一次，而他们二人则要世世为夫妇，永远不分离。通过今昔对比，唐玄宗虚伪、自私的面目暴露无遗，也揭示了玄宗的荒淫误国才是造成今日离散悲剧的直接原因。这样的“逆挽法”，笔致跳脱，蕴意丰富，耐人深思。

再如牛蕴《郑大同学毕业三十年返校聚会》的颔联：

今日光阴催皓首，当时意气焕红颜。

以今日光阴如箭催白发的同学聚会，追溯到当年意气风发、风华正茂的青春时光，沧桑之感不言而喻，表达了笔者强烈的感慨。这是一联典型的逆挽对。

逆挽是一种修辞手法，其作用，一是为了突出情景，欲突出什么，就把什么放到前面先说。二是由于全篇结构的需要，如李商隐《马嵬》诗，先从杨贵妃死后在海外仙山上成仙讲起，再追溯“七月七日长生殿”的密誓，自然得用逆挽法；温庭筠《苏武庙》诗先从苏武回汉时讲起，追溯到他十九年前奉旨出使匈奴，也只能用逆挽法。三是逆挽往往有对比作用，给人的印象更为深刻。

顺便说一句，刘勰在《文心雕龙·丽辞》中还提到言对和事对，并说：“言对为易，事对为难。”何谓言对、事对？写作时引用典故叫用事，不用典故叫用言；不用典故对仗者叫“言对”，用典故对仗者叫“事对”。用典的要找两件事相配，所以较难；不用典的不受这种束缚，所以较易。对仗用典要两两相配，并且配备得当，即上句某处用典，下句也要在对应的地方用典，要两典相配。若不是对仗句，只用一个典故也是可以的。

六、话说流水对

流水对，又叫串对，是一种与正对、反对并列的基本对仗形式。任何诗联对仗都可以在这三个类型中找到自己的归属。一副诗联如果不是正对和反对，它就只能是流水对。流水对在诗词创作中占有十分重要的位置。

（一）流水对的特征

论者普遍认为，从出句、对句的意义联系角度看，流水对具有以下两个基本特征：

（1）流水对上下两个句子都不是独立的，而是上下连贯、相互关联，合起来才能共同表达一个完整意思。它的具体表现形式是一句话分为两句说，出句和对句不是并列的关系，是上下相承的关系，连起来才是一个整体。

（2）流水对上下两句的意思是延续的、连贯的，不可分割，像水顺流而下，次序不能颠倒，这也是流水对名称的由来。

流水对是一种特殊的对仗，它与一般的对仗迥然不同。一般的对仗，上下两句各自表达一个意思，各自意思完整，各自能够独立成文，两句之间互不依存，是平行并列的关系，如“青山横北郭，白水绕东城”（李白《送友人》），横在城北的青山与绕过城东的白水，两者无依存关系。而流水对就不同了，流水对构成对仗的上下两个词组或句子，不是平行并列的，虽然是两句，但它们不是两句话，而是一句话，是一句话分成两句说。流水对的出句、对句都缺乏独立性，上下两句不能各自独立存在，分割开来意思就不完整，若独立起来就没有意义，至少是意义不全。只有把它们联系在一起看，联意才完整。流水对的出句起陪衬作用，作者的意思主要在对句。只有出句与对句成为偏正关系的诗联才可能属于流水对。是否偏正关系都是流水对？前人没有准确的定义，这个问题值得研究。

流水对也不同于合掌：流水对是两句共同表达一个完整的意思，而合掌是两句重复一个意思，或者说是一个意思说了两次。

王力先生在《汉语诗律学》中说：“普通的对仗，都是并行的两件事物，依原则说，他们的地位是可以互换的，即使出句换为对句，对句换为出句，意思还是一样。但是偶然有一种对仗，却是一意相承，不能颠倒，这叫作流水对。”

流水对多出现在什么位置呢？从理论上说，诗人按照需要各联均可使用。从实例看，律、绝用在颔联、颈联、首联、尾联的都有，在颔联可能更多些，在排律或古风乃至词中都有使用。本文笔者引用的例诗，大多标出了所在全诗的位置，读者可以留意观察。

（二）从诗联例句看流水对

流水对从语法角度看，上下两句或者就是一个单句（一个单句拆成形式上的两句），或者是一个复句中的两个分句，表示连贯、相承、假设、递进、目的、条件、因果等种种关系。上下两句在表意的流程中构成对仗，是流动中的对仗。出句对句组成复句的流水对，可用关联词语连接。关联词语有时在联中出现，有时不出现。

下面，我们试举出例联来体会流水对的特征：

行到水穷处，坐看云起时。

（王维《终南别业》颈联）

这是出句对句按时间顺序叙述的两个连贯的动作，意义上有承接关系构成的流水对。近人俞陛云说：“行至水穷，若已到尽头，而又看云起，见妙境之无穷，可悟处世事变之无穷，求学之义理亦无穷。此二句有一片化机之妙。”（《诗境浅说》）

又如杜甫《闻官军收河南河北》诗的尾联：“即从巴峡穿巫峡，便下襄阳向洛阳”，它们有前后相承接的关系，必须是从四川的巴峡到达巫峡，然后才能从襄阳到达洛阳，先后的次序不能倒置；而语句的关系上，是下句承接上句，两者构成一个顺承复句的流水对。

斫却月中桂，清光应更多。

（杜甫《一百五日夜对月》颔联）

这是假设关系的流水对：出句提出假设，对句给出结论。诗人思念妻子却不能与之相聚，就产生了奇特的想象，如果砍去月中的桂树，月亮的光辉会更加清澈皎洁地照亮自己和家人吧？这种近乎幼稚的想象，恰恰传递了诗人借明月的清辉表达对家人的思念，渴望与妻儿团聚的期望。

烽火连三月，家书抵万金。

（杜甫《春望》颈联）

这是因果关系的流水对，由两个分句组成，战争烽火是因，收不到家信是果。自安史叛乱以来，战火连续不断，与家人消息隔绝，多么盼望家中亲人的消息，这时的一封“家书”真是胜过“万金”啊！

又如白居易《赋得古原草送别》的颔联：“野火烧不尽，春风吹又生”，也是因果关系的流水对。野草虽然被烈火残酷地燃烧，但春风一吹，又倔强地生长起来。

欲穷千里目，更上一层楼。

（王之涣《登鹳雀楼》尾联）

这是条件关系的流水对，出句提出条件，对句得出结果。要想看得更远，就必须站得更高。

生为兴刘尊汉室；死犹护蜀葬军山。

（李世瑛题陕西武侯墓联）

此为递进关系的流水对。递进关系的特点是，出句和对句的关系是由小而大，由浅入深，由表及里。诸葛亮生前为了兴复刘氏帝业而尊崇侍奉蜀汉王室，死后仍然为保护蜀汉国土和事业而遗命葬于汉中定军山下。

塞上长城空自许，镜中衰鬓已先斑。

（陆游《书愤》颈联）

可惜啊，“我”曾经以塞上长城自许，如今却壮志未酬，衰鬓先斑。此为转折关系的流水对，出句推出条件，对句却从相反的方向去叙说，称转折关系。

唯将终夜长开眼，报答平生未展眉。

（元稹《遣悲怀三首》其三尾联）

此联是目的关系的流水对，后一句是前一句的目的，出句和对句表示行动和目的的关系。诗人仿佛在对亡妻表白自己的心迹：“我”将永远永远地想着你，要以终夜“开眼”来报答你的“平生未展眉”。目的关系的流水对也有出句是目的，对句是行动或措施的。

（三）流水对必须“均齐”吗？

周振甫先生在《诗词例话》中说：“流水对就是两句意思连贯而下，好像不是对偶。”他以王之涣的《登鹳雀楼》“白日依山尽，黄河入海流。欲穷千里目，更上一层楼”为例，说“白日”“黄河”是两句并列写景，意思不是连贯的（笔者注：这是正对）。周先生接着说：“而‘欲穷’‘更上’两句，意思连贯而下，好像不是对偶，实际上对得很工整，是流水对，是很好的对偶。因为对偶的好处是符合于美学上的所谓均齐，但过于求均齐又怕呆板，又怕迁就对偶这种形式而损害内容。流水对既有均齐之美，又自然而不呆板，意思连贯而下并不损害内容，所以是很好的对偶。”

周振甫先生的论述中，指出了“流水对既有均齐之美，又自然而不呆板”。这里需要探讨的是，“均齐”是否为流水对一个必要的特征。

历代论者少有论及流水对是否要“均齐”的问题。正因如此，目前我国诗界就存在着截然不同的两种看法。

以李白《听蜀僧睿弹琴》的颔联“为我一挥手，如听万壑松”为例，有人说这个颔联是不对仗的，并对颔联进行了语法学的句子分析：

为我（介宾结构）一挥（动词）手（名词），
如听（动词）万壑（数量词）松（名词）。

“一挥”，“一”是数词，但在这里作副词用。名词“手”是动词“挥”的宾语，而数量词“万壑”是名词“松”的定语。

该论者承认此颔联串起来是一个顺承复句，出句是发出动作，对句是动作的结果，但不承认这是对仗句，理由是两句对应词的词性基本不同。该论者认为，流水对第一要出句和对句在字面上对仗，第二要一意相承，不能颠倒；此联只满足第二个条件，不满足第一个条件，因此不是流水对。

而笔者认为，判断一个联句是否为流水对，应该按照流水对的基本特征（即一意相承，不能颠倒）来衡量，而不是其他。据此判断，李白的“为我一挥手，如听万壑松”应为流水对。况且“一挥手”与“万壑松”句型在唐代是经常能为对仗的句子（这个后文再论）。

笔者认为，“均齐”（出句和对句在字面上对仗）并非流水对必要的特征。如本部分开头所说，流水对的基本特征是一句话分为两句说，出句和对句都不能独立，出句和对句有上下相承的关系，连起来才是一个整体。上下两句的意思是延续的、连贯的，不可分割，次序不可颠倒，像水顺流而下。判断是否为流水对，应该以此基本特征为圭臬，而不是字面上对仗是否“均齐”。若按“均齐”来衡量，不仅极大地增加了创作和判断流水对的难度，从理论到实践上造成混乱，使得流水对变得高不可攀，也限制了流水对自由灵活的优势，把很多欲使用流水对的诗人拒之门外。

如果按照某些研究者的解释，似乎流水对在字面、出句与对句关系以及在诗中的位置都比一般对仗方式限制更多，似乎历代诗人在对仗范围内所作的努力最终是给近体诗戴上了更沉重的枷锁。按此创作，原本在流水对中闪耀着的自由之光就荡然无存了。这显然是一种误解。必须消除这一误解，还流水对以本来面目，研究古人诗艺，指导当代诗词创作实践。

笔者认为，使用均齐的流水对固然好，但只要符合流水对的基本特征，即便从形式上看来不那么均齐甚至完全不均齐，也应该视为合格的甚至优秀的流水对。

笔者检索了古人今人运用流水对的范例。在许多情况下，流水对对仗的词性、结构是“均齐”的，但也有许多流水对是部分均齐部分不均齐，甚至全联都不均齐。

先看均齐的例子：

请看石上藤萝月，已映洲前芦荻花。

（杜甫《秋兴八首》其二尾联）

“石上藤萝月，已映洲前芦荻花”是“请看”的宾语，把宾语拆开，把宾语的主语部分“石上藤萝月”留给出句，把剩余部分“已映洲前芦荻花”作为对句。“已映洲前芦荻花”是动宾结构。

由来巫峡水，本是楚人家。

（杜甫《小园》首联）

两句的意思是说，巫峡之地，自古以来就是楚人的家园。“由来”对“本是”，“巫峡水”对“楚人家”，词性对应相同。

今日江南老，他时渭北童。

（杜甫《社日两篇》其二颔联）

江南为杜甫晚年客居之地，渭北代指杜甫少年所在之处。有垂老怀旧之意。“今日”对“他时”，“江南”对“渭北”，“老”对“童”，对仗非常工整。

一秋常苦雨，今日始无云。

（杜甫《留别贾严二阁老两院补阙》颈联）

此为时间上的顺承，对仗非常工整。

万事已黄发，残生随白鸥。

（杜甫《去蜀》颈联）

“黄发”，极言身体衰老。“残生”，余生。残（余），兼有数字的含义。国事、家事虽多，怎奈自身已经极度衰老，无力应酬，所以残年只得随同白鸥四处漂泊。此为逻辑事理上的顺承，对仗工整。

当代诗人林从龙先生作过的一些流水对，有些也是均齐的，请看：

喜看卧虎藏龙地，又起珠圆玉润声。

（林从龙《题〈程云鹤诗集〉》尾联）

两句连贯而成，其中“卧虎藏龙”与“珠圆玉润”，各自本句自对，再加上结构相同的对句成语互对，整个诗句对仗工整。

不期千载后，能占古人先。

（林从龙《登明堂山》颔联）

“千载”对“古人”，“古”也含数词意，况两词同为偏正结构。其他词对仗也是工稳的，因此全联对仗工整。

高挥镂月裁云笔，谱写天风海雨章。

（林从龙《题胡群一诗联选集》尾联）

挥笔才能写章，两句一意，上下句是顺承关系。“镂月裁云”与“天风海雨”，不但各自本句自对，整个成语结构也基本相同。唯“高”为形容词，“谱”为动词，二者相对略有不工。但整体上此联对仗工整。

同时，我们也看到，唐诗许多流水对是部分均齐部分不均齐，甚至全联都不均齐的。例如：

遥怜小儿女，未解忆长安。

（杜甫《月夜》颔联）

“遥”是形容词，“未”是副词；“小”是形容词，“忆”是动词；“小儿女”为偏正结构，“忆长安”是动宾结构。此联对仗是不均齐的。

曲径通幽处，禅房花木深。

（常建《题破山寺后禅院》颔联）

曲径通幽的地方，禅房掩映在浓密的花木中。明显的两句一义，一句话分成两句说，是典型的流水对。但后三字词性不合，且“通幽处”为动宾结构，“花木深”为偏正结构，词语结构也不同。

笛中闻折柳，春色未曾看。

（李白《塞下曲六首》其一颔联）

虽然听别人笛子吹奏《折杨柳》的曲子，却未看到春色。这句表面看是写边地闻笛，实话外有音，意谓眼前无柳可折，“折柳”之事只能于“笛中闻”。此联词性、句子结构也不均齐，但却是一句话分成两句说，当为流水对。

情人怨遥夜，竟夕起相思。

（张九龄《望月怀远》颔联）

此联词性、句子结构都不均齐，但却是一句话分成两句说的典型句式，当为流水对无疑。

(四) 偷春格、蜂腰格与流水对

在诗词研究和创作实践中，有人以格律诗的“偷春格”和“蜂腰格”为由，否认有些句型流水对的存在。对此，笔者认为确有澄清的必要。

正常的格律诗是颔联、颈联要求对仗。按有人对“偷春格”的定义来说，如果首联对仗，而颔联不对仗的，称为“偷春格”或“偷春体”。南宋魏庆之《诗人玉屑》卷二引北宋蔡絛《西清诗话》云：“其法颔联虽不拘对偶，疑非声律；然破题已的对矣，谓之偷春格，言如梅花偷春色而先开也。”清代吴乔《围炉诗话》亦云：“律诗所谓‘偷春格’者，首联对，次联不对也。”据此定义，有人说王勃的《杜少府之任蜀州》和杜甫的《一百五日夜对月》都是较为典型的“偷春格”。笔者对此说的论据持不同看法。现将这两首诗录下：

杜少府之任蜀州　王勃

城阙辅三秦，风烟望五津。

与君离别意，同是宦游人。
海内存知己，天涯若比邻。
无为在歧路，儿女共沾巾。

一百五日夜对月　杜甫

无家对寒食，有泪如金波。
斫却月中桂，清光应更多。
仳离放红蕊，想像嚬青娥。
牛女漫愁思，秋期犹渡河。

先看王勃的诗。“城阙辅三秦，风烟望五津”无疑是对仗的。但颔联“与君离别意，同是宦游人”则明显是流水对。颔联两句诗写两人分别时感情的共鸣：此刻“我”与你离别之意是什么呢？你去蜀州，“我”在长安，去留不同，但我们都是离乡远游以求仕宦的人！共同产生同病相怜、依依惜别之情。一句话分成两句说，“离别意”与“宦游人”属意对。“与君”与“同是”词性上虽然不那么吻合，但明显是顺承关系。这是明显的流水对，怎么不是对仗呢？

再看杜甫的诗。首联“无家对寒食，有泪如金波”是对仗句。颔联“斫却月中桂，清光应更多”从字面上看词性未曾一一相对。但我们若用流水对的特征去判断，就会发现，这一联是假设性的条件复句，是一句话分成两句说：如果把月中的桂树砍掉，没有了婆娑的桂影，人间的月光会更多。这不是典型的流水对又是什么？

故，按偷春格的定义来说，上述两首诗并不是偷春格，是三联都对仗的律诗。再看骆宾王的《在狱咏蝉》：

在狱咏蝉 骆宾王

西陆蝉声唱，南冠客思侵。
那堪玄鬓影，来对白头吟。
露重飞难进，风多响易沉。
无人信高洁，谁为表予心？

首联是对仗的。“西陆”对“南冠”，“西”“南”都表示方位，“陆”“冠”都是名词。“蝉声”是名词，指蝉的叫声；“客思”也是名词，指这个人内心的情思。“唱”是动词；“侵”，当然也是动词（有的版本是“深”，是形容词，它们的性质相近，可以相对）。这叫“偷春格”。

颔联“那堪玄鬓影，来对白头吟”的对仗相对放松了一些。虽然“那堪”此处为动词，“来对”也是动词，但“那”是副词，“来”是动词，只能算作宽对。“影”是名词，“吟”是动词，二者不能相对。可是在这里，“玄鬓影”是一个名词；而“白头吟”为乐府曲名，还有一个出处，西汉司马相如移情别恋时，卓文君很悲伤，就写了一首题为《白头吟》的诗。所以，这“白头吟”三个字还是一首诗的题目，也就相当于一个名词了。叶嘉莹先生说：这两句不是左右的平衡，而是上下的相接，属于“流水对”。按偷春格的定义来说，《在狱咏蝉》也不是偷春格，是三联都对仗的律诗。

再看下面两首诗，首联都对仗（不再具体分析），颔联都不“均齐”，但颔联都符合流水对的条件，我认为都应该是流水对。

辋川闲居赠裴秀才迪 王维

寒山转苍翠，秋水日潺湲。

倚杖柴门外，临风听暮蝉。
渡头余落日，墟里上孤烟。
复值接舆醉，狂歌五柳前。

送江水曹还远馆　谢朓

高馆临荒途，清川带长陌。
上有流思人，怀旧望归客。
塘边草杂红，树际花犹白。
日暮有重城，何由尽离席！

上述五首诗有其共性：一是都为五言，二是颔联都不是完全“均齐”的，三是颔联均属同一句型，即一句话分成两句说，且不可逆转。这难道是偶然的吗？我以为，这种现象恰恰说明，上述几例颔联的句型是流水对，只不过是不够“均齐”的流水对。

还有一种“蜂腰格”之说。定义者说，蜂腰格，是指颔联不对仗，颈联单独运用对仗。这是律诗对仗的一种特殊变格，通常见于五言律诗。南宋魏庆之《诗人玉屑》云：“（其格）颔联亦无对偶，然是十字叙一事，而意贯上二句，及颈联，方对偶分明，谓之蜂腰格，言若已断而复续也。”据此，有人以杜甫《即事》的颔联与颈联为例说这是蜂腰格：

人怜汉公主，生得渡河归。(颔联)
秋思抛云髻，腰支胜宝衣。(颈联)

笔者对这首《即事》诗，有与上述论者不同的看法。魏庆之虽认为蜂腰格“颔联亦无对偶”，但他紧接着明确表示：“然是十字叙一事，而意贯上二句”，这不就是流水对的主要特征吗！“人怜汉公主”的什么？是她“生得渡河归”。“人”是主语，“怜”是谓语，宾语是“汉公主生得渡河归”，作者把宾语拆开，把“汉公主”分到出句上，而把“生得渡河归”作为对句，在意思上连成一脉，像流水一样没有间隔。两句一脉相承，这是典型的流水对，岂能说不对仗！

像这样的所谓“蜂腰格”，前人作过很多。王维、李白、梁锽、高适、储光羲、王昌龄等都作过。我们有理由说，只要符合“十字叙一事，而意贯上二句”的所谓“无对偶”之颔联，都应该是流水对。

这里需要说明的是，我们讨论的不是“偷春格”和“蜂腰格”定义的对错，只是讨论认定流水对的标准。

（五）使用流水对的优点

使用流水对有何优点？为什么倡导使用流水对？

使用流水对，是满足事物多样性的需要。世间一切事物，都有多样性的特点，世上没有两片完全相同的叶子。面对丰富的客观世界，需要用不同的方式方法去认识它，不可能只是简单的固定的几种方式。对仗道理亦然，需要用各种方式方法来满足人们不同的审美需求。人们一般使用的工对、邻对、正对、反对等对仗方式，要求严格的对仗，要求词语互为对仗和句式互为对仗；要求字数相同，词性相对，结构相同，意义相同、相近、相反等，有许多人为设置的“藩篱”，诗人们必须小心翼翼地在规则内“跋涉”。然而，仅仅有正对、反对等一般的对仗是不够的。因为一般的对仗要求很严，若处理不好，也容易产生平板呆滞的缺憾。若追求正对过工，又极易出现合掌。而克服这一缺憾的利器之一，就是流水对。

流水对上下句如流水的特征，一句话分为两句说的句法，一个复句中的两个分句表示连贯、相承、假设、递进、目的、条件、因果等种种关系的顺序承接方式，极大地增加了流畅性、动态感和表达力以及表现功能，使层进转折灵活而流畅。它具有生动、流转的特征，克服了一般对仗的呆板、凝滞，在动态中实现了畅达美。凡使用流水对的诗句，能让我们感到其新颖、灵活，犹如平静的水面激起片片涟漪，给人以清新激越、身心两畅之感。

人们的审美具有求异、求新、求奇的特点，其他对仗方式用多了，读者易出现视觉疲劳，可能会沉沉欲睡。这时候突然出现一联流水对，因一气呵成，畅而不隔，如行云流水，妙韵天成，就如同在空寂的山涧里忽听到叮咚的溪水声，顿时神清气爽，诗也因流水对而意境开阔起来。

流水对使一首诗结构紧凑：首联运用流水对，可自然流畅，入题灵活；颔联运用流水对，使得诗句承接婉顺，无板滞之感；在担当着拓转诗意重任的颈联运用流水对，常可使整首诗意象流动，飘然不群；在尾联运用流水对，既能收住全诗，又显得轻盈灵动，给人以无穷的回味。

因此，流水对在律诗对联中最受人欣赏，艺术性较高，被诗者认为是脱俗的“良方”。清沈德潜《说诗晬语》卷上云：“（五言律）中联以虚实对、流水对为上。”

既然流水对有这么多优点，诗家作者们应积极地去运用它，使自己的诗章更加绚丽多彩，活泼清新。

第二章　如何写好中二联对仗

对仗句是律诗中最精彩的部分。律诗的“中二联”（颔联、颈联）更是支撑全诗的骨干，是表情达意的桥梁，是增加诗的均齐美、典雅美、凝练美的关键所在。能否很好地运用中二联的对仗句，是衡量一个诗人学识、修养、胸襟、气度的试金石。

学习对仗，虽然不可能通过寻求“秘笈”而“毕其功于一役”，但对仗作为一种艺术形式，毕竟有自已独特的规律，前人也创造出很多宝贵的经验。初学者借鉴前人经验，探索对仗的艺术形式，在此基础上灵活运用，继续开拓创新，无疑是一条通往艺术高峰的可行之路。

艺术是忌讳雷同的。好的对仗应别出心裁，想落天外，求新求异，富有变化。律诗颔、颈两联的变化，有两个层面，一是内容（意义）的变化，二是形式（句法）的变化。既可以在对仗的两句之间变化，也可以在对仗的两联之间变化。本章主要讨论对仗内容（意义）和手法的变化所采取的一般形式。

在律诗颔、颈两联内容（意义）的变化上，可注意虚实相生、动静结合、时空分述、调动五官、宏微相谐、情景交融、用典达意、赋比并用、疑慨拓义、联想入诗、以己度人、虚字相对等十二个方面。下面分别述之。

一、虚实相生

即一联写虚，另一联写实；或一句写虚，另一句写实；甚至一句之内有虚有实。在诗歌欣赏中，有据为实，假托为虚；客观为实，主观为虚；当前为实，未来为虚；写景为实，抒情为虚；状形为实，言神为虚；眼见为实，想象为虚；正面为实，侧面为虚；已然为实，未然为虚；等等。如刘禹锡《西塞山怀古》：

王濬楼船下益州，金陵王气黯然收。
千寻铁锁沉江底，一片降幡出石头。
人世几回伤往事，山形依旧枕寒流。
今逢四海为家日，故垒萧萧芦荻秋。

这首诗题为怀古，而旨在鉴今。西塞山，在今湖北黄石东部长江南岸，是长江中游的军事要塞之一，形势险要。三国时，东吴曾以之为江防前线，恃险固守。但吴主孙皓于此设置的拦江铁锁，并没能挡住晋军的凌厉攻势。在晋军的强大攻势下，东吴赖以恃险抵抗的千寻铁锁转眼间沉入江底，吴主孙皓眼见败局已定，只好“备亡国之礼”，肉袒出降。

颔联是写实，陈述了东吴亡国的历史事实。颈联，诗人夹叙夹议、实中有虚地概括了东吴以来六朝相继衰亡的伤心史，特别点出了此地依然是“山形依旧”，还是那么险峻，易守难攻，但并没有阻遏进攻者的脚步，阐明了“兴实在德，险亦难恃”的深刻思想。既有对历史的反思，又饱含对现实的忧虑，更是告诫唐王朝的统治者不要忘乎所以，应提高对意欲割据者的警惕。这首怀古咏史诗气韵沉雄，寄慨遥深，笔势纵横开阖，境界雄奇阔大，从中演绎出一种深沉、浩茫的兴亡之感。这里，虚实相生的笔法起到了关键作用。若没有颔联的实写，就引不出颈联的虚写（议论抒情）；若没有颈联的虚写，诗的主题就不会开掘得如此深刻。

再如牛蕴《红旗渠赋》中二联：

峻极山碑云水画，瑰奇霓彩舜尧天。
龙腾华夏三千里，狮吼炎黄一万年。

颔联以实写为主，也有虚写，主要展示了红旗渠的雄伟历史画卷，是实写；“舜尧天”追溯到中华民族是尧舜的后代，有诗人的联想成分，是虚写。颈联以虚写为主，也有实写。中华民族是龙的传人，又称“东方雄狮”，“龙”“狮”是图腾崇拜或喻指；“一万年”有展望的意思，这些都是虚写。但“三千里”是红旗渠的总长度，就是实写了。虚实结合手法的运用，可使诗篇避免过于写实直说而容易形成的呆板现象，增添了激情和感染力，扩大了诗的内涵和意境。

又如牛蕴《由沪赴乌镇路上》中二联：

丝柳河奇探深浅，团荷鱼弄说尊卑。
农夫不老水田绿，秦帝几何宫殿灰。

颔联以拟人笔法写景，是实写，“深浅”“尊卑”看似是写景的一部分，实则暗与颈联相连。颈联上句以实写为主，也有虚写成分；下句是虚写，通过联想议论抒情，以“农夫不老”与“秦帝几何”对举，回答了孰深孰浅、孰尊孰卑的问题，表达了诗人的历史观。

二、动静结合

对仗联中一句写动态，另一句写静态，有动有静，动静结合，以静写动，以动衬静，静因动显，动因静活。如贾岛《题李凝幽居》：

鸟宿池边树，僧敲月下门。

上句写静态，下句写动态。在安静的环境中使得动态“敲”字更加响亮，而“敲”字以动衬静，以响衬静，反而更显得环境寂静，更精确地描绘出了景致十分幽静的诗意。

又如牛蕴《登江西宜春明月山》：

银挂凝琼树，冰崖泻冷泉。

上句写静态，下句写动态，对比明显，形象鲜活。

动静结合也可以分别用于颔联和颈联。如王维《山居秋暝》的颔联、颈联：

明月松间照，清泉石上流。
竹喧归浣女，莲动下渔舟。

颔联上句写静态，下句写动态，但总的是写静态的，因为清泉的“流”更反衬环境的静。颈联则全联写“动”。这是中二联动静结合的典范。

又如牛蕴《九寨沟》中二联：

千丈苍松直，万条银瀑通。
天蓝云愈白，叶绛水尤青。

颔联从动写起，颈联从静入手，也是动静结合。

三、时空分述

在一联对仗中，一句从时间入手描写，另一句则从空间入手描写，以体现表达内容的变化。如：

十年尘土青衫色，万里江山画角声。

（陆游《晚晴闻角有感》）

万里关山诗思涩，十年风雨故人同。

（聂绀弩《赠雪峰二首》其二）

云水迢迢流甚处，宇寰漠漠入何年？

（牛蕴《应网上图而作》）

清音袅袅流千世，浊垢匆匆扫一隅。

（牛蕴《晨雨》）

一线飞弓南北畅，漫江湾转古今流。

（牛蕴《登阅江楼》）

上述例句，分别从时间和空间两个维度去写，相互映衬，给人以悠远绵长之感，引发读者深思，拓展了诗句的语义表达空间。

当然，叙事抒情，单纯从时间的角度或者空间的角度写也是可以的，如陆游《临安春雨初霁》："小楼一夜听春雨，深巷明朝卖杏花。""一夜"和"明朝"就是从时间角度写的。再如孟浩然《过故人庄》："绿树村边合，青山郭外斜。""绿树"和"青山"，"村边"和"郭外"，就是从空间角度而说的。以上诗句都是千古名句。

时空交错手法，还可以拓展到颔联、颈联两联的对仗中：一联从时间着眼，另一联从空间入手。如杜甫《阁夜》：

岁暮阴阳催短景，天涯霜雪霁寒宵。
五更鼓角声悲壮，三峡星河影动摇。
野哭千家闻战伐，夷歌数处起渔樵。
卧龙跃马终黄土，人事音书漫寂寥。

这首诗首联、颔联、颈联连续三联对仗。前两联虽每联之内各有时空交错，但总的来说侧重写"岁暮"到"五更"时间段的情景；而颈联则写"千家""数处"空间段听到的声响。时空两个层面的有机结合，从不同侧面、不同角度，表达了诗人伤乱思乡之情。

四、调动五官

人有五官眼、耳、鼻、舌、身，接触外界有五种感觉，即视觉、听觉、嗅觉、味觉和触觉。诗人常用视觉形象与听觉形象构成对仗，当然也可以用嗅觉、味觉与触觉构成对仗，有人形象地说是“打开五官”。如杨万里《过扬子江》：

旌旗隔岸淮南近，鼓角吹霜塞北闲。

“旌旗隔岸”，是视觉；“鼓角吹霜”，是听觉。南宋与金以淮河为界，原为宋朝内河的淮河如今成了天涯，一统山河分割得支离破碎，诗人对此感到深深的悲愤。这两句诗分别从淮河两岸着眼，表达了诗人深深的屈辱感和满腔愤慨，曲折含蓄地诉说了人民希望统一的心声。

又如孟浩然《宿桐庐江寄广陵旧游》：

风鸣两岸叶，月照一孤舟。

风不是浅吟低唱，而是吹得两岸树叶沙沙作响；月光照着江中之一叶孤舟，怎能不触动诗人强烈的孤寂感！风伴叶声作用于听觉，月照孤舟则作用于视觉，这就构成了一个深远清峭的意境，蕴含着一种孤独感和动荡不宁的情绪。

又如牛蕴《夜宿红旗渠畔》：

魂动龙鳞星汉影，梦惊虎口錾锤声。

上句是视觉，下句是听觉，描绘了林县（今林州市）人民战天斗地、气壮山河的壮举。

还可以将听觉、视觉分别分配到颔联、颈联。如林从龙先生《赴九华山途中》:

绿满郊原经雨润，青随日影上山来。

天风浩浩疑仙境，磬韵悠悠涤俗埃。

颔联“绿满郊原”“青随日影”均为视觉形象，颈联“天风浩浩”“磬韵悠悠”均为听觉形象，视听结合，声色相映，诗意盎然。

又如牛蕴《山夜》中二联:

风凉星散乱，峰暗月清幽。

人语树丛响，犬声村野咻。

颔联为视觉形象，颈联为听觉形象，表现了山村夜晚特有的韵味。

除视觉与听觉相互配合之外，还有视觉、听觉与嗅觉、味觉、触觉等感觉错综变化构成的对仗。如杜甫《月夜》:

香雾云鬟湿，清辉玉臂寒。

此联以嗅觉（香雾)、触觉（云鬟湿）与视觉（清辉)、触觉（玉臂寒）相对。

再看李商隐《无题》:

晓镜但愁云鬓改，夜吟应觉月光寒。

此联上句是视觉，下句“月光寒”是触觉，以视觉对触觉。

再如牛蕴《从郑州到九江》:

薄雾天低知气润，残荷水皱觉珠投。

“薄雾天低”“残荷水皱”是视觉，“气润”是触觉，“觉珠投”则是感觉。

诗人充分调动五官，有意把视、听、嗅、味、触等各种不同的感受交错成对，可以拓宽表现的层次，构成立体式的感觉空间，丰富诗句的审美内涵。

五、宏微相谐

两联中一联着眼于宏观，表现宏大的场景，另一联则着眼于微观，表现细微的特写。如王维《和贾至舍人早朝大明宫之作》颔联与颈联：

九天阊阖开宫殿，万国衣冠拜冕旒。
日色才临仙掌动，香烟欲傍衮龙浮。

这两联诗，译成白话文即是：九重的皇宫打开了金红宫门，万国的使臣都躬身朝拜皇帝。日光初照，遮阳的掌扇立即启动；香烟缭绕，在皇帝的龙袍上轻绕飘浮。这四句正面写早朝。诗人以概括叙述和具体描写，表现场面的宏伟庄严和帝王的尊贵。

先说颔联。层层叠叠的宫殿大门如九重天门，迤逦打开，深邃伟丽；万国的使节拜倒丹墀，朝见天子，威武庄严。这里从大处着笔，以大场景的渲染，描绘了大明宫早朝时庄严华贵的气氛，气势非凡，标志大唐鼎盛气象。

再说颈联。颈联是从细处落墨。“仙掌”是形状如扇的仪仗，用以挡风遮日。日光才临，遮阳的仙掌即动，充分显示皇帝的骄贵。“衮龙”亦称“龙衮”，是皇帝的龙袍。“傍”字写飘忽的轻烟，颇见情态。诗人通过仙掌挡日、香烟缭绕还原了一种皇廷特有的雍容华贵氛围。颈联利用细节描写，表现了皇帝的尊贵与威严。

这两联诗大处见气魄，细处显尊严，两者互相补充，相得益彰。诗人于大中见小，于小中见大，给人一种亲临其境的真实感，别具艺术特色。

再看牛蕴《郑州赴洛阳路上》：

乍暖方催苗滴绿，新泥还唤燕衔芳。
长河不息奔东海，圆日殷勤照北邙。

颔联小处落笔，写初春景致；颈联大处着眼，写宏观气象。

再看牛蕴《桃花谷怀远》：

造山飞势黄龙起，辟谷惊雷沧海干。
云影徘徊水天动，波光闪烁石崖斓。

颔联直追亿万年前大自然的造山运动，场面宏伟壮观；颈联则直接从细微处描写眼前的云影波光。

不光是两联之间，就是在一联之内，也完全可以使用“宏微相谐”的艺术手法，两句中一句着眼于宏观，另一句则着眼于微观。以杨万里的几首诗为例：

万家寒食初归燕，一老春衫政蹇驴。
（杨万里《寒食日晨炊姜家林初程之次日也》）

万山江外尽，一塔岭尖明。
（杨万里《白沙买船晚至严州》）

数峰愁外月，一叶静边秋。
（杨万里《秋夕书怀》）

以上各联中“万家”与“一老”，“万山”与“一塔”，“数峰”与“一叶”等，都是以宏观意象与微观意象相映衬，形成强烈的对比效应，以抒发诗人某种特定的情感。

这种宏微相谐的写作手法，既展示了廓大场景的总体气氛，也描绘了细微末节的具体形象，相互衬托，相互补充，能产生镜头变化摇曳生姿之效，使刻画的对象更加丰满，更加动人。

与宏微相谐相类同的，还有远近分述、多少对比、总分各表等。例如牛蕴《南昌赴井冈山途中》：

雾起葱茏绕新舍，雨迷迢递暗遥山。

上句写近景，下句写远景，构成一幅雨中田园风光图。

六、情景交融

颔联和颈联无论写景还是抒情，都要相应避开，要有变化。或颔联以写景为主，颈联以抒情为主；或颔联以抒情为主，颈联以写景为主。或一联中上下两句一景一情。

在运用这个方式时，我们必须联系情来写景。

人是有七情六欲的，情属于主观范畴，而景是不以人的主观意志为转移的客观存在。但是人的思想感情可以附着于客观景物上，或者说在客观景物上寄托自己的某种感情。同一个人，同样的景，可能因心境的不同而染上不同的颜色。比如荷叶上的露珠，喜悦时可看作是精美的珍珠，痛苦时会看作是悲苦的泪珠。这恐怕是人脑独特的思维功能。所以人们在写景时，都要紧密结合自己的思想感情，写景是为了抒情，没有脱离感情而纯粹客观写景的，即便看来是单纯写景的句子，也包含有作者的某种感情。所以说，情和景往往是不能分开的。因此我们在写作和分析情和景时，一定要把二者联系起来，防止进入为写景而写景、情景脱节的误区。我们来看杨万里《和仲良春晚即事五首》其三的颔联和颈联：

吾行正无定，魂梦岂忘归。
花暖能醺眼，山浓欲染衣。

颔联抒情，颈联写景。诗人在首联中，想对早春的东风说，不要吹柳絮飞了。何因？颔联回答：因为诗人客居在外，漂泊无定，魂梦盼归。你柳絮乱飞，不是更招惹人羁旅惆怅之感吗！但节令却不遂人意，正如颈联所说：花暖山浓，春色正酣。本来美好的春光，在盼归的诗人眼里，却显得那么无聊、无助。所以诗人在尾联无奈地说道：转眼春光已老，此景还是稀少些吧！

再看杨万里《初夏日出且雨》中二联：

斜阳白鸥影，疏雨子规声。
台阁非吾事，溪山且此生。

颔联写景，颈联抒情。颔联写初夏特有的景致：夕阳鸥影，疏雨鹃声。但不是随意信手写来，“鸥影”使人想起漂泊无定之所，“鹃声”使人想起子规“不如归去”的凄切啼声。然后逼出颈联，直抒胸臆：为官非本愿，溪山唤归来。

再如杜甫《登高》中二联：

无边落木萧萧下，不尽长江滚滚来。
万里悲秋常作客，百年多病独登台。

颔联写登楼所见，是写景；颈联是叙事、是抒怀。如果我们进一层看，写景中上句是高处、远处，下句是低处、近处——有角度之变化；抒情中上句是空间、横向，下句是时间、纵向——有时空纵横之变化。

再如牛蕴《花棒》中二联（笔者注：花棒为腾格里沙漠里的一种植物）：

绿洲裹颈纤身秀，黄漠扬巾粉面芳。
不与天公争瑞露，却将荒野缀神光。

颔联状景，颈联抒情议论，赞美花棒的优秀品质。

再如牛蕴《由沪赴乌镇路上》颈联：

农夫不老水田绿，秦帝几何宫殿灰。

上句写景，下句抒情，表达了诗人对历史和现实的某种思考。

也有颔联和颈联都分别使用情景分述的。这样安排句中结构，最好能把先情后景与先景后情巧妙结合起来使用。如苏轼《和子由·送春》中二联：

酒阑病客惟思睡，蜜熟黄蜂亦懒飞。
芍药樱桃俱扫地，鬓丝禅榻两忘机。

颔联先情后景（亦含情），颈联先景后情，两联结合，就能情中见景，景中寓情，景以情显，情由景生，以此造成意味隽永、生动之至的艺术效果。

又如牛蕴《古田到龙岩途中》中二联：

青山依旧接天色，绿水无非覆地衣。
忽忽人生何所似，玄玄事理孰能知？

颔联侧重写景，含有议论成分，颈联议论抒情，表现了对大千世界的某种思考。

当然，这种情景分述式写法也不是金科玉律不可移易，情景分述不是唯一的。对仗的两句可以都写景，但要有些变化，两句迥然不同，却又相呼相应。也可以中二联都以写景为主，为了写得有情趣，两联往往变换角度相避。如颔联低景，颈联高景；颔联远景，颈联近景；颔联外景，颈联内景；颔联大景，颈联小景；等等。例如王维《冬晚对雪忆胡居士家》中二联：

隔牖风惊竹，开门雪满山。
洒空深巷静，积素广庭闲。

颔联写外景，颈联写内景。

又如杜审言《和晋陵陆丞早春有怀》中二联：

云霞出海曙，梅柳渡江春。
淑气催黄鸟，晴光转绿蘋。

颔联写大景，颈联写小景。

又如王湾《次北固山下》中二联：

潮平两岸阔，风正一帆悬。
海日生残夜，江春入旧年。

颔联写景比较客观、真实，而颈联写景却渗入了奇特的想象：当残夜还未消退之时，一轮红日已从海上升起，海上之日似从残夜中直接生出；当旧年尚未逝去，江上已呈现出春意，江上春色似乎于旧年之中化出。由于此联想象奇特，故成为名句、奇句。应该说两联的变化在虚实之变。唐人殷璠编《河岳英灵集》评此诗说："诗人以来，少有此句"，就是赞赏颈联的想象奇特。

再如白居易《钱塘湖春行》之中二联：

几处早莺争暖树，谁家新燕啄春泥？
乱花渐欲迷人眼，浅草才能没马蹄。

也是两联都写景，但不重复：颔联写莺莺燕燕，是动物，侧重在声音、动态；颈联写花花草草，是植物，突出了生机、色彩，且写景中已有人在（人眼、马蹄），这也是变化。两联虽然偏重于写景，但往往不是纯客观地写景，在景中或多或少包含着诗人的情感或感受。这四句诗，写景中就流露了诗人在赏玩之中的喜悦心情。

若在一联之内写景，变化道理亦同，如"野外烟初合，楼前花正飞"（薛稷《春日登楼野望》），就是上句写远景，下句写近景。"树色中流见，钟声两岸闻"（张祜《题润州金山寺》），则是上句写所见，下句写所闻。只有两两相异又两相配合，才能将景物写活。

也可以对仗的两句都用来抒情。两句所抒之情有相同和相异两种。相同的如“有泪皆成血，无声不断肠”（张说《南中别蒋五岑向青州》），这两句共同抒发了诗人抛亲别子独处南中的哀痛之情。相异的如“欢笑情如旧，萧疏鬓已斑”（韦应物《淮上喜会梁川故人》），出句言见故人之情不变，对句则哀叹年华流逝不可挽回。上句与下句从不同方面强调，两句各抒一意，使情意的表达更加缠绵婉曲，增添感人的力量。

也可以中二联四句都以抒情为主。这时，往往一联两句抒相同之情，另一联两句抒相异之情。例如杜甫《闻官军收河南河北》之中二联：

却看妻子愁何在，漫卷诗书喜欲狂。
白日放歌须纵酒，青春作伴好还乡。

两联都是抒情。颔联紧承首联，写一家人听到安史之乱平息的消息，欢喜若狂。颈联又接写这个“狂”字：放歌、纵酒，是狂态；春色相伴，马上回老家，是狂想。这首诗的特点是一气贯注。然而颔联侧重写家人的狂喜，颈联侧重写自己的狂喜；从时态看，颔联是已然发生之事，而颈联是将要发生之事，这些都是变化。

又如白居易《放言五首》其三之中二联：

试玉要烧三日满，辨材须待七年期。
周公恐惧流言日，王莽谦恭未篡时。

颔联以试玉、辨材打比方说明一个道理：要辨别事物的真假、优劣，需要用时间去考验。颈联引用史实，也是说理：周公辅佐成王时期，不少人怀疑他有篡权野心——但历史证明他对成王一片赤诚；王莽在未篡汉时表现得极为谦恭——但时间证明了，他是窃国大盗。两联都在议论说理，从变化来看，颔联是正面立论，用现在流行的话说，实践是检验真理的唯一标准，而实践是需要时间过程的；颈联是从反面加以说明，如果不用此法去识别事物，就很可能作出糊涂的判断（因为流言四起、周公恐惧，就可能认为周公坏；因为王莽表现得谦恭有加，就可能认为他是大好人），这是说理的变化。此外，若从修辞角度看，颔联用了“比”的手法，颈联属于用典，这也是变化。

还有一种叫“情景交融”对，就是指对仗的两句情和景糅在一起写，景中有情或情中有景，二者浓得甚至掰不开。值得注意的是，情与景之分，是大概的说法、相对的说法，不宜过于绝对化。有的诗句做到了情景交融，就很难把它归入单一的写景或者抒情。“景中情”多是见景而生情，如“岭树重遮千里目，江流曲似九回肠”（柳宗元《登柳州城楼寄漳汀封连四州刺史》），是诗人见“岭树”“江流”而生见友不能、回京不得之悲情。“情中景”则多为因情触景，如“感时花溅泪，恨别鸟惊心”（杜甫《春望》），诗人因国家战乱，百姓离散，悲情激发而见花溅泪、闻鸟惊心，本来美好的自然景色，在国破家亡的灾难中，也成了触动诗人哀伤的媒介。再看牛蕴情景交融的诗句：

思绕柳绦稠密密，梦惊雁影断虚虚。

（牛蕴《无题》）

唱圆峰上月，笑聚水中星。

（牛蕴《篝火联欢晚会》）

霪雨梧桐千滴泪，严霜莲藕万般伤。

（牛蕴《咏秋》）

花环萦绕伤心海，哀乐低回裂肺云。

（牛蕴《十月三日葬国营弟》）

上述例句有的是景中有情，有的是情中有景，有情有景，情景交融，难以分开。

与景中情相比，情中景的艺术感染力显得更为强烈。故王夫之有言："情中景犹难曲写。"

若颔联和颈联都使用情景交融的方式两联相叠时，多将景中情置于颔联，而情中景放在颈联。如李颀《题璿公山池》中二联：

片石孤云窥色相，清池皓月照禅心。
指挥如意天花落，坐卧闲房春草深。

情景交融，是情景安排的最高境界。不管诗人使用何种范式，都是为了更好地抒情达意。明谢榛《四溟诗话》说："作诗本乎情景，孤不自成，两不相背。""景乃诗之媒，情乃诗之胚，合而为诗。"情景交融向为诗人追求的目标。

七、用典达意

两联中一联直接描写叙述，另一联则借助用典委婉达意。如杜甫《春日忆李白》中二联：

清新庾开府，俊逸鲍参军。
渭北春天树，江东日暮云。

颔联用庾信（庾开府）和鲍照（鲍参军）的典故，借庾信和鲍照来赞美李白的诗才。是说李白的诗就像庾信的诗一样清新，像鲍照的诗一样俊逸。

颈联通过描写叙述，表达了诗人对好友李白的思念之情。杜甫这时在渭北，李白这时在江东，两人相隔遥远，彼此思念，举目远眺，却只能见到春树暮云，更增添了思念之苦。两句都只写了地名和景物，没有一个动词，但正如沈德潜所说："写景而离情自见。"(《唐诗别裁》) 作者的思想感情全部体现在景物的形象之中。故后人常用"暮云春树"或"云树之思"类的词语表示对友人的思念。再如刘禹锡《酬乐天扬州初逢席上见赠》中二联：

怀旧空吟闻笛赋，到乡翻似烂柯人。
沉舟侧畔千帆过，病树前头万木春。

颔联用两典。"闻笛"指怀念旧人，晋人向秀经过亡友嵇康旧居，听见邻人吹笛，想起被杀害的好友嵇康、吕安等人，因而写了《思旧赋》；"烂柯人"说的是，晋人王质入山打柴，观人下棋，局终发现手中斧柄已烂，回到家里才知已经过了百年。诗人被贬长达二十三年，回乡时，有很多故友已经去世，朝中亦是人事更迭，物是人非。两个典故形象地表达出他内心的伤悲和怅惘。

颈联以病树和沉舟自喻，显示自己对世事变迁和仕宦沉浮的豁达襟怀，同时又暗含哲理，表明新事物必将取代旧事物，千古名句至今被人引用。再如牛蕴《感李述合茹瑞枝老师五律〈马年抒怀〉》中二联：

牧野擎旗奋，吟坛载誉归。
廉颇尚能饭，李白再斟杯。

颔联肯定了二位高寿诗人在牧野吟坛上取得的成就，颈联用廉颇和李白两个典故，赞扬了他们宝刀不老、斗酒百篇的豪情壮志。

从前两例我们可以看到，一般来说，如果两联中有一联用典，用典的一联最好上下句对应用典，这样才能做到均衡搭配，此种对仗才能够撑得起来。例如牛蕴《立秋》：

伏枥常忧良骥老，扬鞭但愿钝蹄轻。

上句用曹操“老骥伏枥，志在千里”（《龟虽寿》）典故，下句用陆游“扬鞭大散关头日，曾看中原万里春”（《北园杂咏》）典故，也暗含“往事越千年，魏武挥鞭”（《浪淘沙·北戴河》）典故，两句共同表达了诗人的愿望。

用典能委婉地表达诗人的内心感受，能使诗意含蓄而又典雅，耐人寻味，但不是说用典越多越好，写中二联对仗，应忌用事太满。请看某位诗人的《还家》诗：

梦里家山一笑温，红砖碧瓦映重门。
十年踪迹同王粲，两幢屋庐欺子云。
欲效渊明栽菊柳，不教张翰忆鲈莼。
明朝又是风尘远，独对青灯到夜分。

这首诗表达了诗人对漂泊生涯的厌倦以及对父母之邦的无比眷恋。诗写得不错，就是中二联并用四典，太满了。太满就使人感到堵塞，当避忌为好。

八、赋比并用

南宋朱熹《诗集传》曰：“赋者，敷也，敷陈其事而直言之者也。比者，以彼物比此物也。兴者，先言他物以引起所咏之词也。”意思是：赋这种文体，就是直接铺陈叙述，来表达自己的感情。比喻，就是通过其他的事物来比拟想要说明的事物。起兴，就是先说其他事物，再说要说的事物。赋法，就是直接铺陈叙述；比法，就是运用比喻来说明事物（在此先不说兴法）。

赋比并用，就是两联中一联用赋的手法，即铺陈描叙；另一联则用比的手法，即援譬设喻。如白居易《望月有感》中二联：

田园寥落干戈后，骨肉流离道路中。
吊影分为千里雁，辞根散作九秋蓬。

这首诗写战乱给诗人带来的悲惨遭遇：兄弟姐妹流离失所，漂泊异地，反映了战争给百姓带来的痛苦，倾诉了诗人身受的离乱之苦和思念亲人之情。颔联描写了战乱带来的灾难：田园荒芜、骨肉分离——这是一般的描写陈述句。颈联进一步描写手足离散、各在一方，犹如分飞千里的孤雁，只能吊影自怜；辞别故乡流离四方，又像深秋断根的蓬草，只能随着萧瑟的西风，飞空飘转无定——这是具体的援喻设譬。赋法的陈述与比法的设喻，从不同方面、不同角度深入细致地刻画了骨肉亲属孤苦凄惶的情态，深刻揭示了百姓饱经战乱的零落之苦。

一般的叙述铺陈使事态清楚，但若两联全部铺叙，会显得行文呆板，缺少起伏。而加以设喻，立刻变得形象生动，清新活泼，如出奇兵，境界大开。这就是赋比并用的妙处。再看杜甫《小寒食舟中作》中二联：

春水船如天上坐，老年花似雾中看。
娟娟戏蝶过闲幔，片片轻鸥下急湍。

这首诗是杜甫在去世前半年多，大历五年（770）春小寒食，停留潭州（今湖南长沙）舟中所作。小寒食是指寒食的次日，清明的前一天。古习俗从寒食到清明三日禁火，只能吃冷食。杜甫暮年虽落魄江湖，依然深切关心唐王朝的安危。

颔联写春来水涨，江流浩漫，所以在舟中漂荡起伏犹如在云间穿梭；诗人年老体衰，视力不济，看岸边的花草，模糊得如同隔着一层薄雾。船如天上，花似雾中，行动、观感两个譬喻，写尽了诗人的垂暮之态，也带出了其起伏的心潮：不光暗自伤老，还担心时局动荡不定，如隔雾看花，真相难明。

按照常人思路，颈联可能继续直接写衰老带来的痛苦。但诗圣没有那样写，他用看似悠闲轻松的笔触，转而用赋的手法铺陈描写了蝶鸥之乐。娟娟戏蝶，片片轻鸥，往来自由，各得其所。这与颔联诗人的体弱多病、身不由己形成强烈的对比，虽心如急湍，但徒增悲哀无助情绪。无一字说痛苦和无助，但痛苦和无助情绪全部物化于形象之中，让你感觉压抑得喘不过气来。

如果没有譬喻显示诗人的衰老之态，就无从体会写蝶鸥自在之乐的真意；反之，如果没有写蝶鸥自在之乐，就无从反衬诗人年老体衰的悲哀和无助。赋比并用的艺术效果，在此可窥一斑。

又如牛蕴《翔飞人》中二联：

跨栏闪电离弦箭，越障霹雷飞马风。
窥冠群雄争弱秒，临场独强占魁星。

颔联设喻表刘翔之速、之势，颈联赋陈言赛场之状、之果。

再如牛蕴《感盛宴劝酒》中二联：

沧海倒倾鲸吸日，春风挟裹象吞川。
豪餐味美仙山晃，琼液香醇龙殿翻。

颔联设喻极写盛宴豪饮状况，颈联铺叙写“豪餐味美”“琼液香醇”，海吃海喝令仙山晃动、龙殿倾翻。诗人对盛宴豪饮的批判态度跃然纸上。

又如牛蕴《登金兰山金顶》中二联：

玉带缠旋路，明珠撒谷湾。
云飞风壮色，雾进浪生烟。

颔联设喻将盘山公路比作玉带，将湖水比作明珠；颈联继而铺陈“云飞”“雾进”之景，有动有静，有声有色。

赋与比两种手法交替运用，能使诗句显得灵动活泼，变化有致。

九、疑慨拓义

对仗的上下句语气不同，一句用陈述肯定或感慨的语气，另一句则用疑问（诘问、反问）的语气，从而引人深入思考，拓宽主题和意境。如崔曙《九日登望仙台呈刘明府》：

关门令尹谁能识？河上仙翁去不回。

这首诗是诗人登上望仙台（在河南陕县西南十三里）的所见所感。此联是联想，上句反问，下句感慨：当年函谷关的令尹尹喜有谁认识？河上仙翁自此一去就不再回来！给人以“思接千载，视通万里”之感。河上仙翁：指河上公，亦称河上丈人、河上真人，齐地琅琊一带方士，历史上真正的隐士，黄老哲学的集大成者，黄老道的开山祖师。河上公为老子作注的《河上公章句》，成书最早，流传最广，影响最大，但是其姓名生地无人能知。这联诗句表现了诗人重阳节登临望仙台的感慨：富贵荣华转瞬即逝，奔波仕途徒劳无功，不如归隐。

当然没有固定模式，有的一联诗句全是问语，表达更为强烈的感情。如柳中庸《听筝》：

谁家独夜愁灯影？何处空楼思月明？

写诗人听筝时的感受。诗人是怀着苦情听筝的。颔联（似逐春风知柳态，如随啼鸟识花情）使悲怨的乐声，转化为鲜明生动的形象，渲染出一片伤春惜别之情，颈联又唤起诗人更多的联想：那低沉、幽咽的筝声，好似谁家的白发老母枯坐灯前，形影相吊、黯然神伤的身影；又好似谁家的红颜少妇在明亮的月光下伫立楼头，为丈夫远出而喟然长叹，忍受着思念的煎熬。“独”“空”二字，使画面显得分外凄清、孤寂，渲染了盼子思夫、离愁别恨，写出了人物内心的忧郁和思念。这一联用暗喻，且用“谁家”、“何处”疑问句式，不仅显得与上一联有参差变化之美，而且更能激起读者的想象。再看杨万里两首诗中二联：

不劳三尺剑，已办一丸泥。
已矣归黄壤，伤哉梦白鸡！

（杨万里《虞丞相挽词三首》其一）

病葵萱未悟，落果草偏深。
老矣曾萦望，归欤更懒心！

（杨万里《后圃秋步》）

以上两首诗，颔联都是陈述语气，与颈联感叹语气相对，两联唱叹起伏，抑扬有致，有效地增强了诗句的情味与韵致。

疑慨拓义手法，有的只问不答，耐人寻味；有的虽有回答，却含蓄蕴藉，宕开新义。再举牛蕴几联疑慨拓义的例子：

闲猜鸟雀飞何处？细品顽童堆雪泥。

（牛蕴《雪住》）

却看愁容何处遁？任凭喜泪瞬时催。

（牛蕴《十五日闻彦博儿被某大学录取》）

汉奸罪孽莫须有，烈士尸骸何处寻？

（牛蕴《感袁崇焕蒙冤受刑万民争啖其肉》）

以上各例都是一句表“慨”，或陈述，或肯定；另一句则表“疑”，或反诘，或询问。语气灵活多变，化板滞为跳脱。

十、联想入诗

在两联中，一联就眼前景事写实，一联通过联想写虚。

没有联想就没有诗。一个诗人若没有联想，就不能创造出诗歌的情境美和意境美，就不会创作出美妙动人的诗篇。正是联想才使得诗人思接万里，和客观外界心气相通。有的人写诗律协韵对，但就是平平泛泛，平铺直叙，死滞呆板，其中一个重要原因，就是缺少联想。

林从龙先生在《时空流转虚实相生》一文中说："写山水诗的大忌是形象密集。如写山，写完南峰写北峰；写水，写完江上写岸上，让读者的视野跟着作者局限在一个小范围内，不能产生由此及彼的想象和联想。这样的诗，很难有味外之味。"

林老说的写山水，其实对各种题材的诗都有借鉴意义。我们固然可以通过视觉、听觉、味觉、嗅觉、触觉等捕捉感官形象入诗，但一个人的接触面毕竟是有限的，若只写自己的亲历亲感，范围就实在太狭小，不容易写得灵动跳脱。克服这些局限的唯一方法就是发挥联想。联想不受时空限制，天上地下、梦幻真实、现在将来、情感流动等等，无一不可在联想的世界自由驰骋。

以李白《登金陵凤凰台》中二联为例：

吴宫花草埋幽径，晋代衣冠成古丘。
三山半落青天外，二水中分白鹭洲。

颔联通过联想虚写，发出自己的感慨，拓展了思想空间。颈联是实写，描述了壮丽风光。诗人登上凤凰台，不光看到了"三山半落青天外，二水中分白鹭洲"的壮丽景色，还想象当年吴宫的繁华景象，以及晋代达官贵人曾有过的风光故事，如今都隐于幽径，成为古丘。朝代更替是历史发展的必然，诗人创作这首诗时，大唐盛世已不再。安史之乱起，唐室岌岌可危，怎能不忧心？

再如李白《送贺监归四明应制》的颈联：

瑶台含雾星辰满，仙峤浮空岛屿微。

据《旧唐书》载，天宝二年（743）十二月，太子宾客贺知章请度为道士还乡，李白为其送行，赋诗赠之。

此诗的首联颔联叙说了贺知章不恋高位，辞别荣禄，回归故乡的事实，说他喜欢长生仙道，深得修炼此道的真诀。颈联接着前面的话题说：你向往的瑶台，云雾缭绕，星辰满天，仙峤浮在太空，仙岛微茫，等你骑鹤驾到。

多么奇特的想象！洒脱不羁的气质，傲视独立的人格，易于触动而又易爆发的强烈情感，形成了李白诗抒情方式的鲜明特点。李白的诗歌创作带有强烈的主观色彩，他很少像杜甫那样对客观事物做细致的描述，而总是天马行空独来独往，大笔如椽随意挥洒。感情爆发如火山喷涌，情怀激昂如狂飙天落；想象奇特骋天游地，情思流动云腾海翻。

再如牛蕴《湖北恩施大峡谷峡谷轩酒店用餐》中二联：

裁朵白云来佐酒，掬颗绿露好加餐。
泉流应接银河水，鸟语当偕丹桂仙。

登上山顶，疑入凌虚。看着窗外山坳飘浮的白云，绿叶上滚动的露珠，真是美极了！恨不得取来佐餐——这实际上还是写眼前景。眼前的景物还有泉流和鸟鸣，如果直接铺叙，就有些堆积，难出新意。这时诗人展开想象的翅膀，由“泉流”联想到其连接银河水，由“鸟语”联想到其偕同丹桂仙。同样是写景，这里笔触从眼前拓展到天上，从人间延伸到仙境，是否显得灵动些了，是否显得容量和厚度加大了？

再如牛蕴《贺鹤壁诗词学会成立》中二联：

淇河新浪涌，卫沫古声翻。
引凤鸣春野，骑鲸梦日边。

颔联紧扣地脉，以比兴手法，写淇河的新浪，写卫沫的古声，实写中华诗词这块传统的瑰宝，又在鹤壁这方古老的大地上春潮涌动、古声新翻。颈联若再写实，则罗列堆砌，吃力不讨好，诗人改为写虚，以凤鸣春野、鲸腾日边喻鹤壁诗词事业发展的美好前景，在此基础上呼出尾联“燕莺呼李杜，彩笔赋鸿篇”。再看牛蕴的《雪夜独寻》中二联：

遥想春秋朝去客，近观风雪夜行人。
滔滔岂为秦皇失，莽莽何因汉武存？

此诗首联说晚来下雪，踏幻寻诗。中二联紧扣题目的“独”和“寻”字展开联想。由于是“独”，思绪不为人打搅，便于联想；由于是“寻”，易生联想。颔联“风雪夜行人”是诗人近观所得——此为写实，而“春秋朝去客”却是诗人遥想所知——此为虚写。颈联的“滔滔”“莽莽”是借用名人咏雪之句，以状雪景。写景为实，但诗人很快化实为虚，把雪景与秦皇汉武联系起来，这就加上了诗人的独特思考。这两联情景、虚实是穿插在一起写的，而连缀诗情画意的引线，则是想象和联想。

我们可以进一步做出以下思考：感官感知的事物可以入诗，自不待言，但眼前无的物事可以入诗吗？本部分的例句告诉我们，答案是肯定的。诗人通过联想，完全可以“无中生有”。当然这种“无中生有”，说到底还是以眼前的物事为基础通过联想取得的。

十一、以己度人

度，揣度的“度”。以自己的境况和情感推及别人，设想别人此时的境况与心境，以婉曲地表达自己的感情。例如杜甫《月夜》中二联：

遥怜小儿女，未解忆长安。
香雾云鬟湿，清辉玉臂寒。

这首诗即是困居长安时所作。天宝十五载（756）六月，安禄山叛军攻陷长安，杜甫携家逃往鄜州羌村。七月，肃宗在灵武（今属宁夏）即位，杜甫获悉即从鄜州只身奔向灵武，不料途中被安史叛军所俘，押回长安。诗中杜甫不写自己对妻子儿女的思念，而是借助想象，设想妻子思念自己，实则写出了自己对妻子的强烈挂牵，表达了对离乱中的妻子家小的深切关心。

诗圣困居长安，与妻子久无音信，想到妻子就忧心忡忡，夜深不寐，不免泪下。但他不写自己挂念妻子，却采用从对方设想的方式，揣度妻子想念自己的情景。今日丈夫身陷乱军集中营里，生死未卜，妻子为此承受了多大的精神负担！写妻子“独看”鄜州之月而“忆长安”，而自己“独看”长安之月而忆鄜州，已暗含其中。虚写妻子，实写自己；明写妻子，暗写自己，情感倍而显之。“心已驰神到彼，诗从对面飞来，悲婉微至，精丽绝伦，又妙在无一字不从月色照出也。”（浦起龙《读杜心解》）

中二联写幼小的儿女还不懂得思念远在长安的父亲，而妻子独自倚栏望月怀念丈夫。从小孩的“未解”更能体现出大人的“忆”之深切，衬出妻子的孤独凄然。香从妻子的云鬟（发髻）中散出，凄清的月光照在妻子的玉臂上，显得寒凉。夜雾本无香，因为香气从涂有膏沐的云鬟中散发出来，故云“香雾”。望月已久，雾深露重，故云鬟沾湿，玉臂生寒。“湿”“寒”二字，写出夜已深而人未寐的情景。这两句描绘出清幽的夜景，更勾勒出妻子笼罩在清光夜雾中的倩影，真切地描绘了一个似乎近在身旁却又远在天边的幻象，诗人神思恍惚的情态犹在眼前。这一切都是诗人站在对方的角度想象，其实也是暗写作者，诗人不也是举头望月，怀念妻子，夜深未眠吗！这首诗借看月而抒离情，字里行间，表现出时代的特征，离乱之痛和内心之忧熔于一炉。

望月怀人，自古皆然，但只从自己的角度写思念，用多了往往有失僵滞。一代诗圣，落笔见奇，因情造象，不写自己望月怀妻，而将思念之情幻化为生动具体的生活图景，设想妻子望月怀念自己，又以儿女未解母亲忆长安之意，衬出妻子的孤独凄然，进而盼望聚首相倚，双照团圆。这类景象，都是诗人意中之景。诗中无一“思”字，却处处含着“思”情。其写法之妙，常使后世诗人学此法度。

这种笔法于唐代大有人在，如王维“遥知兄弟登高处，遍插茱萸少一人”（《九月九日忆山东兄弟》）、白居易“想得家中夜深坐，还应说着远行人”（《邯郸冬至夜思家》）、王建“家人见月望我归，正是道上思家时”（《行见月》）。这些尽管不是对仗句，但在写作手法上，都有异曲同工之妙。

另，牛蕴“应念流离客居远，还怜劳碌主怀孤”（《中秋节望月》）、“遥知异客人皆望，曼舞清光酒正酣”（《癸巳中秋望月思世敏弟》），也是从揣测对方入手的作品。

十二、虚字相对

在律诗中，为了突出某种感情色彩，或造成诗句的某种节奏变化，悠扬委曲，活跃情韵，化板滞为流动，将“之、乎、者、也、矣、哉、而、何、其、且、然、若、所、为、焉、以、因、于、与(欤)、则”等文言虚字巧妙地镶嵌入联，上下对偶，能获得疏通文气、开合呼应等独特的美学效果。如杜甫《峡口二首》其二：

去矣英雄事，荒哉割据心。

“过去了，犹存英雄之事迹；荒谬呀，企图割据之野心!”“去”和“荒”两个动词后缀语气虚词，并置于句首强调。两个虚字对语言的声调、气息、节奏起到很好的调节作用，吟诵起来，更加抑扬顿挫，铿锵有力，一褒一贬，爱憎分明，感情色彩更加突出。而杜甫的《春日忆李白》却另有一番情致：

白也诗无敌，飘然思不群。

首联即用对仗，如泰山横空，卓尔不群。李白的诗天下无敌，他的诗思潇洒飘逸，豪放不拘，诗风超群，不同凡俗。“也”是表判断的语气助词，下句的“飘然”是形容词，形容飘飘欲飞的样子，这里指李白的诗思潇洒飘逸，豪放不拘。乍一看，“飘然”与上句的名词缀助词“白也”不对仗，其实，这里是用了借义对仗法。“然”在古代文言中，本可以用作句末语气词，表示断定或决定，相当于古汉语的“焉”“也”。诗里用“飘然”的本义，却借语气词“然”的字义与上句“也”相对，对仗工整。

又如牛蕴《喜雪》：

壮哉两极移东土，美矣千条坠玉枝。

“壮哉”“美矣”是诗人发出的强烈感慨，赞美银装素裹、漫天皆白的壮丽画面：好像把南极和北极都移到世界东方，千万个枝条被雪挟裹着如银雕玉砌。“壮哉”“美矣”置前，是突出诗人对雪景的感受，如同我们清晨推门见到大雪，会兴奋地惊呼“好美呀！”让情感先得到宣泄喷薄而出，然后再去细细观赏奇妙的雪景一样。

以上介绍和讨论了律诗对仗的一些方法。一方面，文必有法。学写诗，向古人学习，向别人的实践经验学习，按照一定的法度去切磋、去历练，肯定是必要的。另一方面，文无定法。法度只是一种手段，没有绝对的常法，都只是相对而言，不能把它绝对化。因为，艺术上任何一种具体的方法，都要因人而异，绝对没有统一的版刻的办法。“无法而法，乃至法。”清代徐增在《而庵诗话》中说：“诗盖有法，离他不得，却又即他不得，离则伤体，即则伤气。故作诗者，先从法入，后从法出，能以无法为有法，斯之谓脱也。”无法中有法，有法中无法，是多变的、灵活的。我们既不能不讲法度，又不能死守定法，要在遵守法度的基础上创新、提高，不然，法度就会变成僵死的教条，就会窒息了诗词艺术的生命力。

妙在有法无法中！

第三章　如何克服律诗对仗的问题

诗人要有自己独到的见解，写诗要创造好意境，求新、求变、求异。但是在诗词创作实践中，许多人缺乏这样的思考，或者说不得其门，写出的诗问题很多。本章围绕这个话题，我们来讨论诗词写作中需要避忌的几个问题：忌雷同，忌合掌，忌过于雕琢。

一、忌雷同

写诗要富于变化，就要做到避免语言意义雷同，避免句法雷同，避免对仗方式雷同。下面我们分别述之。

（一）避免语言意义雷同

何谓语言意义雷同？林从龙先生说，比如写登山容易“形象密集”，写了这峰写那峰，写完江水写岸边，写了石头写树，写了此景写彼景……都从某个角度、某个侧面写某事、某人、某山、某水，意思近似或重复，就显不出层次，生不出波澜，缺乏韵味，总是跳不出狭隘的视野。有一位诗友写嵩山，中二联先写山再写水，又写花又写鸟，完全是排比句并列式，这就是语言意义雷同，当然结构也雷同。还有一位诗友写家乡新貌的一首七律，中间也没有层次，只是并列平行地罗列风景。

这是中二联对仗容易出现的一个通病。它使人产生视觉疲劳，读来恹恹无力、昏昏欲睡，纵然对仗再工整，敲字再细致也不行。我们以李商隐《马嵬》中二联为例：

空闻虎旅传宵柝，无复鸡人报晓筹。
此日六军同驻马，当时七夕笑牵牛。

清纪昀《瀛奎律髓刊误》说："此诗二联，连用虎、鸡、马、牛，犯复。"所谓犯复，是说颔联的"虎""鸡"、颈联的"马""牛"都属走兽门，将同一类名词连用，不免重复，诗意贫乏。

岑参写过一首《奉和杜相公发益昌》的诗，遭后人诟病。诗中二联云：

朝登剑阁云随马，夜渡巴江雨洗兵。
山花万朵迎征盖，川柳千条拂去旌。

"雨洗兵"，典出汉刘向《说苑·权谋》。周武王出师遇雨，认为是老天爷洗刷兵器，后亡纣灭商，统一国土，战争因此停息。后人常以"洗兵雨"喻胜利结束战争。

明王世懋在《艺圃撷余》中说："诗有古人所不忌，而今人以为病者。……岑嘉州（注：即岑参。岑参曾任嘉州刺史，后人因称'岑嘉州'）'云随马''雨洗兵'，'花迎盖''柳拂旌'，四言一法。"

笔者认为，岑参这两联诗的毛病，在于表达内容过于接近，一路上遇到云、雨、花、柳，四句就写了出征的情况。如果说颔联写征途上云雨相伴是一种吉祥之兆，描写是必要的，那么颈联又不厌其烦地说花说柳，大同小异地罗列风景，就有重复堆砌之嫌了，也是一种"形象密集"。意思的雷同，显得这首诗视觉褊狭，涵盖甚少。

另外，这首诗句法上也有毛病，如末尾二字"随马""洗兵""征盖""去旌"都是动宾结构，句法明显雷同，是典型的"四言一法"。句法的雷同，使得中二联对仗板滞，缺少变化。

再看沈佺期的《被试出塞》中二联也有雷同的问题：

寒日生戈剑，阴云拂旆旌。
饥乌啼旧垒，疲马恋空城。

这两联都是写塞外战场的肃杀凄冷，意思近似，皆为正对、并肩对；基本是“名、动、名”主谓宾式；句子全是“二一二”节奏。试吟咏一下，便会明显感到节奏平板单一，不太协调。这首诗的主要问题就是中二联雷同，内容、句法、句式节奏、对仗形式全雷同。我们在创作几个连续的对仗句时，比如中二联（甚至加上首联），要注意避免把同样意义或类似意义的词语放在同一个位置上，注意形成用词造句在位置上的参差变化，防止出现意义雷同或句式雷同造成的单调平板的问题。

王籍的名句“蝉噪林逾静，鸟鸣山更幽”（《若耶溪》）也存在意义雷同的弊病。两句都是以动物（蝉、鸟）的鸣叫声来反衬林、山的静谧，缺少变化。所以王安石把它同谢贞《春日闲居》诗“风定花犹落”配合起来，构成“风定花犹落，鸟鸣山更幽”的对句，这样，一句写所见，一句写所闻，看到的静中有动，听到的动中有静，各自从不同的侧面来多角度地表现山中景象，避免了两句意义雷同。对比之中，艺术表现力的高下自然立见。周振甫说：“这里讲的一意还是内容不同，如一讲蝉噪，一讲鸟鸣；要是两句内容相同就成为合掌了。”（《诗词例话》）当然，我们不能苛求古人，因为当时律诗尚处在成型初期，理论和实践尚不完善，尽管今人看来它存在一些弊病，仍不掩千古名句的光辉。我们在写诗时，不能以古人不完善的地方为借口抱残守缺，而应扬长避短，推陈出新。

还有人提出，两联对仗要避忌“四平头”。何谓四平头？即律诗中间对仗的两联四句皆用同一类字起头，造成意义近似、语法结构相同。如高适《送李少府贬峡中王少府贬长沙》中间二联：

巫峡啼猿数行泪，衡阳归雁几封书。
青枫江上秋天远，白帝城边古木疏。

纪昀对此评论说："平列四地名，究为碍格，前人已议之。"（《瀛奎律髓汇评》）沈德潜指出："连用四地名，究非律诗所宜。"（《唐诗别裁》）这四句诗不光同类词连叠（平列四地名），更甚的是，将"巫峡""衡阳""青枫江""白帝城"等地名，均用在诗句开头同一位置，尤显句法单调，语意拘束，诗味索然，更是诗家大忌。按此分析，前文沈佺期《被试出塞》中二联开头两字"寒日""阴云""饥乌""疲马"皆为偏正结构的名词，也为四平头。再如陆游《雪中二首》其一中二联：

迹深惊虎过，烟绝悯僧饥。
地冻萱芽短，林深鸟哢迟。

纪昀评曰："中四句平头。"（《瀛奎律髓汇评》）"迹深""烟绝""地冻""林深"句法类同，首字均为名词，第二字皆是动词或形容词，与首字组成主谓性词组，形成四平头。再如韩元吉《记建安大水》中二联：

托命已甘同木偶，置身端亦似羸瓶。
浮家却羡鸱夷子，弄月常忧太白星。

纪昀评曰："中四句平头，碍格。""托命""置身""浮家""弄月"均为动宾性词组并列四句句首，也为四平头。

又有人指出，即便四句开头不是名词性词组，但由于类同，也应该视为四平头。以赵昌父《梅花》中二联为例：

未至腊时须访问，已过春月尚跻攀。
直从开后至落后，不问山间与水间。

有论者说，此二联各句开头“未至”“已过”“直从”“不问”均为偏正词组的副词语并列，为四平头。

四平头也不仅限于中间两联，首联跟颔联一起也可能犯四平头。如杨万里《和仲良春晚即事》：

贫难聘欢伯，病敢跨连钱。
梦岂花边到，春俄雨里迁。
一犁关五秉，百箔候三眠，
只有书生拙，穷年垦纸田。

清代诗人、教育家许印芳评曰：“此章中二联炼句可学，三、四句合首联看，却犯平头病，此不可学。”“贫”“病”“梦”“春”皆为名词，与后一字形成相似的结构，形成四平头。从许评可知，律诗不仅要注意中间两联，其他联句也马虎不得，如果不注意，甚至会出现首联、颔联、颈联六平头的问题。如陈师道《和元夜》：

笳鼓喧灯市，车舆避火城。
彭黄争地胜，汴泗迫人清。
梅柳春犹浅，关山月自明。
赋诗随落笔，端复可怜生。

纪昀评曰：“前六句皆双字平调，殊为碍格。”这里的“平调”即“平头”的意思，六句前两字“笳鼓”“车舆”“彭黄”“汴泗”“梅柳”“关山”都是名词性词组，多数是联合并列式名词词组，词义类同，形式类同。

四平头为什么“碍格”，为什么算作诗病，为什么“不可学”？

原因大概有以下几点：第一，形式单调，句法雷同，缺少变化，沉闷乏味。第二，词性相同，意义相近，导致效率低下。一首诗就那么几十个字，要惜墨如金，若有许多重复，许多雷同，就浪费了宝贵的文字资源。第三，人们的美学心理往往习惯于同中求异，对立统一，喜欢于整齐里求参差，在变化中寻规范，四平头妨碍了人们的这一追求。

避免四平头的关键，是在每句开头的同一位置，尽量避免连用名词或名词性词组。如果非要连用，简单而行之有效的做法是错开排列其顺序和位置。请看陈子昂的《度荆门望楚》：

遥遥去巫峡，望望下章台。
巴国山川尽，荆门烟雾开。
城分苍野外，树断白云隈。
今日狂歌客，谁知入楚来。

纪昀评论说此诗“运用四地名不觉堆垛”。陈子昂做法的高明之处在于将四个地名分置于两联的句末和开头，使其错综排列，让四句诗不致拘谨呆板，这才是“不觉堆垛”又避免四平头的关键。

同是陈子昂，他的另一首《春夜别友人二首》其一却有缺陷：

银烛吐青烟，金尊对绮筵。
离堂思琴瑟，别路绕山川。
明月隐高树，长河没晓天。
悠悠洛阳去，此会在何年？

这首诗情感细腻，选景典型，细节生动，格律无瑕，对仗工稳，炼字准确，但遣词造句有些单调呆板，缺少灵动变化的美。“银烛，金尊，离堂，别路，明月，长河”都放在句首，犯复，或说犯了六平头。前三联末三字也句式雷同，皆为动词和名词组成的动宾结构，犯了六言一法诗病，也给人单调沉闷的感觉。

我们在诗歌创作实践中，应学习古人优秀的文化传统，要学习经历时间考验的名篇经典，但对名人作品也不能不加选择地全盘接受、胶柱鼓瑟、盲目崇拜，不能生硬地模仿古人，甚至把缺点当作优点继承下来。而要取长避短，有所扬弃，有所取舍。

应该强调的是，四平头并不是指声律瑕疵，而是专指遣词造句的毛病。杜绝四平头，扩展诗意，增加变化，丰富内涵，增强诗的表现力，是非常必要的。

怎样避免意义上的雷同呢？前面我们在《如何写好二联对仗》中已经讨论过，诸如虚实相生、动静结合、时空分述、调动五官、宏微相谐、情景交融、用典达意、赋比并用、疑慨拓义、联想入诗、以己度人、虚字相对等艺术手法、艺术形式，都是可以借鉴的。中二联最好有分工，各有侧重，如一情一景，一事一人，一昔一今，一山一水，一近一远，一叙一议等，甚至在一联之内，都可以有变化。

（二）避免句法雷同

避免句法雷同也非常重要。这里，必须厘清“避免句法雷同”的内涵和适用范围，不然就容易使读者混淆、迷惘。

我们知道，近体诗的对仗，不但要求词性相对，即名词对名词，动词对动词，形容词对形容词，连绵词对连绵词……还要求上下句由词组成的句子结构相一致，即主谓词组对主谓词组，并列词组对并列词组，偏正词组对偏正词组，动宾词组对动宾词组，动补词组对动补词组。以杜甫《登高》首联的对仗句为例：

风急天高猿啸哀，渚清沙白鸟飞回。

“风急”“天高”“渚清”“沙白”都是主谓结构；“风急天高”“渚清沙白”都是并列结构；“啸哀”“飞回”都是动补结构；“猿啸哀”“鸟飞回”又都是主谓结构。

再看陈亮《梅花》颈联：

欲传春信息，不怕雪埋藏。

“欲传”“不怕”均为偏正结构；“信息”“埋藏”均为并列结构；“春信息”“雪埋藏”均为偏正结构；“欲传”与“春信息”相接，“不怕”与“雪埋藏”相接，又分别组成动宾结构。

可以看出，上述两例每联出句与对句的语言结构形式完全相同。可以说，欲写任何一联，若语言结构形式不相同，就不可能造成对仗句。如：

风力残荷动，蟾光泣露凝。

“风力”与“蟾光”都是偏正结构的名词，对仗工整。但“残荷”与“泣露”就不能属对，这正是由于语言结构问题。“残荷”是偏正结构，名词性词组，“泣露”是动宾结构，谓词性词组，二者当然不能相对。若把“残荷”改为“摇荷”，变为动宾结构，就可以跟“泣露”相对了；或者把“泣露”改为“新露”，变成偏正结构，也可以与“残荷”相对。

一个对仗联的上下句，要求结构形式必须相同，这是绝对不能忽视的。

但是，还需要特别注意：两联对仗句连用时，联与联之间的语言结构形式又不能雷同，而要有所变化，体现参差美。这一点，即便大家名家也常常忽略。如柳宗元《登柳州城楼寄漳汀封连四州刺史》诗的中间两联：

惊风乱飐芙蓉水，密雨斜侵薜荔墙。

岭树重遮千里目，江流曲似九回肠。

我们先看颔联，上句“惊风”“乱飐”“芙蓉水”均是偏正结构，下句“密雨”“斜侵”“薜荔墙”也均是偏正结构；上句“乱飐/芙蓉水”组成动宾结构，下句“斜侵/薜荔墙”也组成动宾结构；上句“惊风/乱飐芙蓉水”组成主谓结构，下句“密雨/斜侵薜荔墙”也组成主谓结构。整联对仗极其工整。

再分析颈联我们发现，全联句法结构与颔联竟完全一致（读者可以自己分析，这里从略）。

这两联，分开来看，每联的上下句相对应位置的词语词性相合，对仗很工；但将两联合起来，就可以看出：两联全是主谓宾句式，都用二二三的节奏排列，颔颈联首句“惊风”与“岭树”、“乱飐”与“重遮”、“芙蓉水”与“千里目”均为偏正结构，语言结构形式全部雷同。两联合起来看，显得音律节奏单一呆板，缺乏参差美。人们把律诗颔联、颈联句法结构雷同的现象称为“摞眼”。摞眼是作诗大忌。

而刘禹锡《酬乐天扬州初逢席上见赠》的中间两联结构就不雷同：

怀旧空吟闻笛赋，到乡翻似烂柯人。
沉舟侧畔千帆过，病树前头万木春。

我们先分析颔联的句法结构。“怀旧”“到乡”均为动宾结构；“空吟”“翻似”均为偏正结构；“闻笛/赋”“烂柯/人”均为偏正结构；“怀旧空吟/闻笛赋”“到乡翻似/烂柯人”均为动宾结构。联内上下句句法结构完全相同，对仗工整。

再看颈联的句法结构。上句“沉舟”“侧畔”“千帆”均为偏正结构，下句“病树”“前头”“万木”也均为偏正结构；上句

“沉舟侧畔”是偏正结构，下句“病树前头”也是偏正结构；上句“千帆过”和下句“万木春”均为主谓结构。颈联上下句均构成主谓结构。之所以说颈联为主谓结构，是因为状语前置的缘故。“沉舟”两句本意是“千帆（在）沉舟侧畔驶过，万木（在）病树前头呈现春色”。（春，名词，在此活用为动词，即“呈现春天”之意。）略去前置的状语成分，“千帆过”“万木春”即典型的主谓结构。联内上下句句法结构完全相同，对仗工整。

我们对照颔联和颈联的句法结构就会发现，这首诗两联的结构形式完全不同。颔联是两个动宾结构，而颈联是两个状语前置的主谓结构。颔联与颈联之间的句法结构形式富于变化，参差有致。

再如杜甫的《绝句》：

两个黄鹂鸣翠柳，一行白鹭上青天。
窗含西岭千秋雪，门泊东吴万里船。

先看首联。“两个黄鹂”“一行白鹭”均是偏正结构；“鸣翠柳”“上青天”均为动补结构；上下两句分别构成主谓结构。

再看尾联。“西岭千秋雪”“东吴万里船”均为偏正结构；“含/西岭千秋雪”“泊/东吴万里船”均为动宾结构；上下句分别构成主谓结构。

这首诗的两联，虽然上下句都为主谓结构，但首联与尾联的内部结构形式又不全同，显出参差美。

又如李商隐《无题》诗中的颔、颈两联的句式：

扇裁月魄羞难掩，车走雷声语未通。
曾是寂寥金烬暗，断无消息石榴红。

颔联上下句分别用“扇裁月魄”“车走雷声”两个句子形式作主语，用“羞难掩”“语未通”两个主谓结构作谓语，开头的“扇裁”“车走”皆是主谓结构；颈联上下句则分别以两个虚词开头。两联的组词方式迥然不同，上下两联之间最后三个字节奏也完全不同：颔联“羞难掩”“语未通”为一二节奏，颈联“金烬暗”“石榴红”为二一节奏。两联并列起来看，显得十分灵活。

避免句法雷同，还要注意调整句式节奏，使其富有变化。句式结构五言有“三二”“二三”“四一”“一四”“二二一”“二一二”等节奏；七言有“四三”“三四”“二五”“五二”“二二三”“二二二一”“二二一二”等节奏。七言句式“四三”节奏，前四字细分，可以是“二二”，或“一三” “三一”节奏；五言句式“二三”节奏，末尾三字细分，可以是“一二”“二一”或“一一一”节奏。两联之间，要尽量避免同一位置的节奏相同，如前联末尾是“二一”式，后联最好换用“一二”或为“一一一”式；如果句式不能改变，也要注意调整诗句的句子结构。句子结构，可以是主谓式、动宾式、偏正式、并列式，或是名词句（如“鸡声茅店月，人迹板桥霜”）等。两联之间要避免句法雷同，比如前联动词在第一字，后联就应换在其他位置；前联第三字是实词，后联第三字就不妨用虚词；间或使用名词句，有时会有奇妙的效果。

不论五言七言，中二联对仗均要注意两联首两字和尾三字的变化，忌同头同尾，避免两联的前二字和后三字结构相同，避免两联的动词都落在倒数第三字上。如司空曙《贼平后送人北归》：

他乡生白发，旧国见青山。
晓月过残垒，繁星宿故关。

“他乡”“旧国”“晓月”“繁星”，典型的四平头；“生/白发”“见/青山”“过/残垒”“宿/故关”，典型的四同尾；倒数第三字都是动词；首尾各词一律是偏正结构；八个名词各带一个形容词；结构完全一样。这必然会影响作品的艺术效果，诗者当深避之。

（三）避免对仗方式雷同

我们在设计对仗时，两联使用的对仗方式最好富于变化，不要连续使用一种对仗方式，不宜经常用正对，要适当运用反对和流水对。特别是在组诗里，如果老用一种对仗形式，会使人感到枯燥沉闷。

律诗对仗的两联之间要充分体现句法结构上的变化：或一联单句，一联复句；或一联流水对，一联正对；或两联虽同为单句或复句，但深层的句法关系又各有不同。如杨万里《夜寒独觉》中二联：

脚到五更偏作冷，老来万事不如人。
若无窗月谁相伴，听尽鸡声不肯晨。

颔联上下句均为单句，颈联上下句均为复句。颈联上句表示假设关系，下句表示让步关系。

再如王勃《杜少府之任蜀州》诗中颔联与颈联：

与君离别意，同是宦游人。
海内存知己，天涯若比邻。

颔联用流水对，颈联用工对，各联有各联的节奏，两种句式相映成趣，读来活泼清新。

又如杨万里《过张王庙》中二联：

怪松欹岸出，古庙背河开。
晚色催征棹，斜阳恋去桅。

两联虽都为单句，但颔联上下句均为连动结构。连动结构指一个短语结构中连续使用两个或两个以上的动词。上例“欹”与“出”、“背”与“开”就是连动结构。颈联上下句则均为主谓宾结构。颔联的节奏为“二二一”，颈联的节奏为“二一二”。

再看杨万里《和曾克俊惠诗》中二联：

雨多厌听鸠夫妇，病起全疏酒圣贤。
旧喜作诗今已懒，君能得句我先传。

两联均为复句构成的对仗，但两联深层的句法关系不同。颔联上下句均为因果复句：（因）雨多（故）厌听鸠夫妇，（因）病起（故）全疏酒圣贤。颈联上句为转折复句：（虽）旧喜作诗（然）今已懒，下句为递进复句：君能得句（则）我先传。

从以上分析中可以看出，对仗在句法结构方面应整中求变，推陈出新。

即便有的诗都是写景，也要注意变化，例如牛蕴《游鄱阳湖》中二联：

吞日抚波云浩浩，拥天拍岸水浅浅。
翻飞戏影风中鹭，来往运沙湖里船。

两联虽都写鄱阳湖所见景致，但侧重点不同，颔联侧重写景，颈联侧重写物写人；颔联首二字“吞日”与“拥天”相对，均为动宾词组，颈联首二字“翻飞”与“来往”相对，均为联合式合成词；颔联句式节奏为“二二一二”，颈联句式节奏为“二二二一”；颔联在句末运用了叠字对“云浩浩”“水浅浅”，与颈联的“风中鹭”“湖里船”，形成句法上的错落变化。

相邻两联的结构应尽可能不同。这种不同，可以从两方面入手，一是句式节奏不同，一是词语结构不同。下面以几首诗的颔联和颈联为例：

露从今夜白，月是故乡明。
有弟皆分散，无家问死生。

（杜甫《月夜忆舍弟》）

颔联两句是“一四”节奏，颈联两句是“二三”节奏。颔联出句把“白露”一词分开，对句把“明月”一词拆散。颈联是个“有无对”。

星临万户动，月傍九霄多。
不寝听金钥，因风想玉珂。

（杜甫《春宿左省》）

颔联两句是“四一”节奏，颈联两句是“二三”节奏。词语结构两联各异。

残云归太华，疏雨过中条。
树色随关迥，河声入海遥。

（许浑《秋日赴阙题潼关驿楼》）

颔联是“二一二”节奏，颈联是“二二一”节奏。两联之间“残云”与“树色”、“疏雨”与“河声”结构不同；“归太华”与“随关迥”、“过中条”与“入海遥”结构也不同。

自去自来梁上燕，相亲相近水中鸥。
老妻画纸为棋局，稚子敲针作钓钩。

（杜甫《江村》）

颔联是“四三”节奏，颈联是“二二三”节奏。“自去自来”与“老妻画纸”，“梁上燕”与“为棋局”，“相亲相近”与“稚子敲针”，“水中鸥”与“作钓钩”，结构都不一样。

楼船夜雪瓜洲渡，铁马秋风大散关。
塞上长城空自许，镜中衰鬓已先斑。

（陆游《书愤》）

两联从句式看，结构基本相同，按两分法都是“四三”节奏。但词语的结构不同，细分节奏也不同。颔联的“楼船夜雪”“铁马秋风”与颈联的“塞上长城”“镜中衰鬓”不同：“楼船”与“铁马”均是偏正结构，“塞上”与“镜中”虽也是偏正结构，但“上”与“中”均是方位词，这就有了变化。颔联的“瓜洲渡”“大散关”与颈联的“空自许”“已先斑”也词性不同，语法结构不同，句子节奏也不同。

绝句如果两联都对仗，也须注意结构雷同问题。王之涣《登鹳雀楼》：“白日依山尽，黄河入海流。欲穷千里目，更上一层楼。”虽然两联按两分法都是“二三”节奏，但两联间相对位置的词语结构不同。并且第一联是正对，第二联是流水对。

即便是不对仗的绝句，在设计诗句时，也要考虑：两联之间形式上最好避免雷同，比如避免四平头和四言一法，因为四平头和四言一法无论出现在哪里都是欠缺的。

不仅要注意对仗联与联之间应尽量避免雷同，就是整首诗的各联之间，句式结构（节奏）也应尽量有变化有差异。下面试举几例。请看杜甫《月夜忆舍弟》：

戍鼓/断人行，秋边/一雁声。
露/从今夜白，月/是故乡明。
有弟/皆分散，无家/问死生。
寄书/长不达，况乃/未休兵。

单从句式节奏上说，首联两句是“二三”节奏，颔联两句是

“一四”节奏；颈联两句也是“二三”节奏，但和首联不同，是个“有无对”；尾联两句虽是“二三”节奏，但“寄书”与“况乃”，却是一实一虚。

再如崔颢《行经华阴》：

岧峣/太华/俯咸京，天外/三峰/削不成。
武帝祠前/云/欲散，仙人掌上/雨/初晴。
河山/北枕秦关/险，驿树/西连汉畤/平。
借问/路旁/名利客，何如/此处/学/长生。

四联结构各不相同，节奏也错综变化，因此作品就显得自然灵活，远离了僵滞与沉闷。

（四）中二联对仗优劣诗例再剖析

中二联对仗，是律诗对仗的重点和难点，为此，我们再来分析几个联例。

先看陆游《秋夜纪怀三首》其三的中二联：

风林一叶下，露草百虫鸣。
病入新凉减，诗从半睡成。

两联的后三字似乎很像：“一叶”“百虫”“新凉”“半睡”都是偏正式；末字“下”“鸣”“减”“成”又都是动词，如果前二字不变化就有雷同的危险。故颔联作名—名、颈联作名—动（介）处理，这也是在避免雷同。

按原句的语法结构排列，可以更清楚地看到颔联与颈联的句子结构是完全不同的。另外，它们的节奏也不同：颔联为“二二一”，颈联为“一三一”。每句尾字虽然都是动词，但由于两联的语法结构和句式节奏都不一样，此中二联仍然是变化有致的好联。

再看沈佺期的名作《杂诗》：

闻道黄龙戍，频年不解兵。
可怜闺里月，长在汉家营。
少妇今春意，良人昨夜情。
谁能将旗鼓，一为取龙城。

从内容（意义）看，中二联虽然都是写闺中少妇思念征夫之情，但颔联重在议论感慨，点明了少妇长期思念征夫之苦，可怜少妇闺里仰望的明月，却常在汉家营上面徘徊；颈联重在描写叙述，以互文见义对举之法，叙说少妇今春思念之苦和丈夫昨夜相思之情，两联同中有异。从句法看，中二联虽然都是“二三”节奏，但句法结构上有变化：颔联首二字以“可怜、长在”开头，是无主语的动词谓语句，形成流水对；颈联首二字以“少妇、良人”开头，是省略了谓语动词的名词句，颔联颈联词性显然不同。在对仗形式上，颔联是流水对，颈联是互文见义。中二联有变化，不雷同，加之全诗情深意婉，特别富于韵味，所以这首诗成了沈佺期的名作。再以李商隐的佳作《筹笔驿》中二联为例：

徒令上将挥神笔，终见降王走传车。
管乐有才真不忝，关张无命欲何如。

这首《筹笔驿》是李商隐写诸葛亮的名篇，他常常借对历史人物的怀咏来表达自己感时伤世的情怀。

这两联诗的大意是：空教诸葛亮料事如神、运筹帷幄，终于刘禅还是被传车送走（投降作了俘虏）。诸葛亮才智不亚于管仲和乐毅，关羽和张飞却早早丧命，失去了得力臂膀，又能怎么样呢？

这首诗以咏叹贯穿始终，具有极强的抒情性。中二联以议论、抒情为主，间以叙事。颔联的虚词“徒令”“终见”前后呼应，蕴藏着诗人深沉的感慨；颈联的虚词“真不忝”表现了对诸葛亮的极度推崇，“欲何如”则是对人物命运、时态发展的苍凉追问，也蕴含着诗人惋惜、愤懑与无奈相交织的情感。全诗沉郁顿挫、笔力雄健，见言外不尽之意，实际上曲折地折射了诗人身世之悲，更多地抒发了诗人的情感压抑之苦。

再看句法。两联虽都是“二二一二”节奏，但在词性和对仗方式上参差错落，变化有度，绝不雷同。颔联开头以虚词“徒令”“终见”先领，颈联开头以并列式姓氏“管乐”与“关张”相对；颔联尾字“笔”“车”为实字，颈联尾字“不忝”“何如”为虚字。此诗在表现手法和艺术风格上有其独到之处，自成面貌，具有高度的艺术感染力。

当代诗作中也有佳篇。如诗人星汉的《潮州谒韩文公祠，步其左迁韵》诗，中二联构思不但对仗工整，而且颇具匠心，独具特色，堪称好联，现将全诗抄录在此，以为鉴赏：

银鹰呼啸降蓝天，云路昆仑过八千。
赤胆君非逢盛世，白头我不认衰年。
一轮日色悬檐下，百里江声到殿前。
风扫陈言胸臆净，豪吟远上碧霞边。

颔联采取反对的对仗形式抒情，“盛世”与“衰年”形成强烈对比，一方面批判了韩愈时代的统治者昏聩不明，另一方面表达了诗人的进取精神。颜色词的运用也为联句添彩不少。句式节奏为“二一二二”。

颈联以正对写景，写景中又有变化。一句从视觉角度（日色）写所见，一句从听觉角度（江声）写所闻。写景中抒情色彩浓郁，以“日色”“江声”象征韩愈的高贵品质，以太阳之高和大江之远烘托出宏大的气势。“檐下”“殿前”两个名词—方位词相对，又化“一轮日色”和“百里江声”的宏大于细微，大景转化为小景，远景转化为近景。句式节奏为“二二一二”，与颔联节奏有别。

星汉这两联，从内容到形式可谓错落有致，摇曳多姿，情寓于景，景托乎情，为难得的佳句，全诗也是绝妙好诗。

但是，当代诗词，律诗中二联雷同也时有所见。如某刊的一首诗中二联：

红旗高举跨时代，观念更新促大潮。
法度常抓循轨道，宏篇续写领风骚。

且不说此诗缺乏意境和形象，都是抽象议论，单说句法，就存在诸多问题。两联都是“二二一二”节奏，词序都是“名、动、动、名”，上下两联相对的词类完全相同，结构完全一样。两联意思雷同，都是正对。是真正的“四言一法”。

再如一首七律咏张家界的中二联：

清波碧浪吟佳句，怪石雄峰铸伟词。
苗族俊童充向导，土家少女摘灵芝。

两联虽是一景一人，但节奏都是“二二一二”，句法都是“名、名、动、名”，而且每句三个名词（“清波”“碧浪”“佳句”……）都是偏正式。每句的首二字都是偏正结构的名词，典型的“四平头”；每句的末三字都是动词、名词合成的动宾结构，典型的“四言一法”；其对仗方式又都是正对。如此，该诗的质量自然大大降低。

（五）避免上尾

这里，我们要补充一点表面看非直接对仗，但却与对仗乃至格律诗写作相关的音韵内容：避免上尾。（本部分内容主要参考王力专著《汉语诗律学》）

王力说："一种诗病，在科场中并不认为不合式，一般人也不注意，然而为某一些诗论家所排斥者，就是上尾。"也就是说，即便在科举考场上，上尾也是符合格式的，因此一般人对此不注意。但是有一些诗论家认为上尾是诗歌之"病"。

对上尾的定义，有两种说法。一是："所谓上尾者，上句尾字和下句尾字俱用平声，虽韵异而声则同，是犯上尾。如古诗'西北有高楼，上与浮云齐'，'楼'与'齐'皆平声。"

笔者认为，上面的这个"上尾"定义可以不谈。这是因为，在平声韵中，若是首句入韵式，首句（出句）的尾字是入韵的（即平声同韵），这自然不是上尾。若是首句入韵式之外的其他出句（如首句的不入韵式，以及三、五、七句），若出句句尾为平声，自然违反了白脚（诗词中押韵的字叫韵脚，不押韵的叫白脚）应为仄声的规定，这个常识大家都知道，所以一般来说不会出现这种情况，自可略去不谈。

当然，王力也特意加按语，指出本书（《汉语诗律学》）所讲的上尾，是下面的这种上尾："一句尾字与三句尾字连用同声，是亦上尾。"王力举例说，如"新制齐纨素，皎洁如霜雪。裁为合欢扇，团圆似秋月"，"素""扇"皆去声，亦犯上尾矣。

王力在对许多种有关"上尾"的讨论意见进行分析后，得出以下结论：

每首诗的出句（单句）句脚，上声、去声、入声俱全，这是理想的形式。最低限度也应该避免邻近的两联出句句脚声调相同，否则就是"上尾"。因此，在学习王力分析的基础上，我们可以给"上尾"定义为：邻近的两联出句句脚声调相同，就是"上尾"。

王力说，出句句脚（白脚）的连续"上尾"（如三个相同，或四个相同），在唐诗里并不多见，但宋代的上尾（甚至连续上尾）

不胜枚举。

王力说："四声的递用和上尾的避忌，应该不能算为一种诗律。四声的递用只能认为某一些诗人的作风。上尾的避忌，至多也只能认为技巧上应注意之点。"

王力同时说，邻近的两个出句句脚声调相同，是小病；三个相同是大病。如是四个相同，就是最严重的上尾。

避免上尾的办法，具体来说，在平韵诗里，各个出句（单句）的白脚要尽量做到不同声调错落，同一个声调不能连续使用。当然同一声调隔开使用是可以的，例如，第三句白脚为上声字，第五句白脚就不要再用上声字了，可以用去声或入声字，但第七句白脚还可以用上声字。

避免"上尾"如同避免"撞韵"，都是高标准的要求，我们要有这个意识，尽量避免"上尾"还是应该的。在一首诗里，特别要避免连续的上尾。但若为了表达的需要，偶尔出现了上尾，也是可以宽容的，不可绝对看待。

上面说了那么多，看似很复杂，其实记住一句话即可：尽量避免相邻出句尾字声调一致。换句话，上、去、入声字（若是新韵，为上、去声字）在作为出句尾字时，错开使用即可，就这么简单！

我们前面讲了对仗要避免语言意义雷同，避免句法雷同，避免对仗方式雷同。这里讲的避免上尾，则是避免音韵方式雷同。

二、忌合掌

（一）什么是合掌

诗词对联对仗，须忌合掌。所谓合掌，即律诗一联之中，出句与对句的语义相同或相似，如同人的一双手，重叠相合，故曰合掌。打个比方说，对仗好比是两军对阵，敌对双方兵戎相见以决雌雄。有人叫张飞出阵，然后又喊张翼德出马，这张飞、张翼德本是同一人，错把一人当两人岂不是来自己志气，长他人威风吗？合掌使意义重复，是对仗之大忌。

当代诗家林正三在其著作《诗学概要》中说："全文诗中属对，贵在自然，宜避免雕斫之病，妙手偶得之天然工对固佳，然如求工太过而刻意雕琢，殊失自然之妙，诗家所谓斧凿痕是也。或者变成同义相对，如'室'对'房'、'别'对'离'、'住'对'宿'等，两句同一意思，即诗家所谓'合掌'之病。"

为何作律诗对仗要避免合掌？因为律诗言简意赅，余味无穷，须字字珠玑，惜墨如金，以有限的文字，表达丰富的内涵。若字句重复，文字芜杂，就造成了篇幅的浪费，减少了表达的空间，这当然是作诗所忌讳的。

"正对"是合掌最容易出现的场合。需要警惕的是，工对未必都是好对，由于对得太过整饬，反而时常凝重板滞，甚至还会造成合掌，如"房"与"室"，既是同类，还是同门，若拿来相对，则易成合掌。好的工对是妙手偶得，诗者不必对此过度追求。

下面举例说明：

云泽清光满，洞庭月色深。

这一联简直合掌得"天衣无缝"，似铁板一块。上联勾画的是一幅晴朗的洞庭湖夜景，而下联描写的依然是洞庭湖夜景，显然重复。我们看遣词造句："云泽"对"洞庭"，"云泽"本来就是洞庭湖的古称；"清光"对"月色"，"清光"本身就指月色；"满"对"深"，用词不同，其义却同，都表示月朗光足。所以说此联是非常典型的合掌。

再看：

韬略孔明分禹鼎，神机诸葛列封疆。

“韬略”与“神机”义略同；“孔明”与“诸葛”则是一个人；“分禹鼎”与“列封疆”又同义，只不过是换了个说法。此联明显合掌。

除上述“两句一义”的合掌毛病外，上下两句有意思相同相似的字，或上下两句一部分词语意思相同，也是合掌。例如崔颢“川从陕路去，河绕华阴流”，“川”“河”皆为水，合掌；耿湋“冒寒人语少，乘月烛来稀”，“稀”“少”二字合掌。又如今人之诗，“仙人洞里怀先哲，会议厅中忆昔贤”，“怀先哲”“忆昔贤”，说的一个意思，合掌；“晨昏三叩首，早晚一炉香”，“晨昏”和“早晚”是一回事，合掌；“父子勾心谋大位，弟兄反目夺龙庭”，“谋大位”“夺龙庭”合掌；“继往开来鸣玉振，承前启后响金声”，“继往开来”与“承前启后”是近义词，“鸣”与“响”一义，“玉振”与“金声”一义，合掌。“年年”与“岁岁”是同义词，合掌。其他如“地府”与“阴曹”、“灵魂”与“玉魄”、“背井”与“离乡”、“音容”与“笑貌”、“英雄”与“好汉”，都是合掌。无论何种词类，只要同义互对，即为合掌。

王绩《野望》颈联：“牧人驱犊返，猎马带禽归。”牧人和猎马，固然都是不同的事物，但是两句核心的动词“返”和“归”意思相同，使得上下句都是“劳作结束后回家”这个意思，是为合掌。由此可知，合掌对不一定上下句每一个字都同义，语义相似甚至意境相似，都可算作合掌。

王籍《入若耶溪》颈联：“蝉噪林逾静，鸟鸣山更幽。”虽然这里的几个名词相对（蝉对鸟，林对山），并不算合掌，但是蝉和鸟的动作“噪”和“鸣”是合掌。而“逾静”和“更幽”的意思几乎相同，使得上下两句重复度高。这两句都是用两种不同动物的叫声来体现“以闹衬静”，表达的是同一个意思，即可视为合掌对。

又如宋之问《初到黄梅》诗：“马上逢寒食，途中属暮春。”纪昀在《瀛奎律髓刊误》文中对此联评论说：“途中、马上，暮春、寒食，未免合掌。”因为“马上”可说明是在“途中”，“寒食”正逢“暮春”，这就是合掌。

李白“天边看绿水，海上见青山”，“看”与“见”、“绿”与“青”合掌。

“独有英雄驱虎豹，更无豪杰怕熊罴”诗联，许多人认为合掌，因为“英雄”和“豪杰”义同，“虎豹”和“熊罴”义近，这一联的出句对句意思类同。当然也有不同认识，有读者认为这一联不是合掌，理由是“独有”与“更无”、“驱”与“怕”都是反对关系，上下句之间是修辞上的反对，不属于合掌。

清施闰章《蠖斋诗话》中有载：

元萨天锡诗：“地湿厌闻天竺雨，月明来听景阳钟。”脍炙于时。山东一叟鄙之，萨往问故。曰：“此联固善，闻、听二字一合耳。”萨问：“当易以何字？”叟徐曰：“看（平声）天竺雨。”萨疑“看”字所出。叟曰：“唐人有‘林下老僧来看雨’。”萨俯首，拜为一字师。

再如鲍照《代东武吟》：“徒结千载恨，空负百年怨。”王赞《杂诗》：“人情怀旧乡，客鸟思故林。”两例上下两句一义，显得重复。义复就是合掌。

其他如“观”对“视”，“渝州”对“重庆”，“红娘”对“赤子”之“红”与“赤”，“到长城”对“临紫塞”，“千山披素裹”

对“万壑挂银装”，“敢用忠心填火海”对“能携赤胆上刀山”，“群贤共谱箴时调”对“众彦齐讴警世声”，都为合掌。

笔者初学律诗时写了一副对联：“年轮暗换枝非旧，岁月偷催叶已新。”后来发现，“年轮暗换”与“岁月偷催”同义；“枝非旧”“叶已新”两句，“旧”和“新”虽然是反义词，但连起来读，既然“枝非旧”，那么枝就是新的，与“叶已新”同义；“枝”“叶”，名词小类过于接近，也是同义。因此此联合掌。

初学者在写作对仗时，往往联想起同类的词汇，使用同义、近义词相对，例如：“日月如梭逝，光阴似箭飞。”这两句都是形容时光流逝的，“日月”与“光阴”同义，“梭逝”与“箭飞”，结构和意思也没有什么差别。此联也明显合掌。

将一个成语拆开分置一联的上下句，这种写法很容易合掌。即使没有合掌，因其来得容易，也很难成为好的对仗。靠拆成语来对仗是初学者容易出现的问题。如“唤雨能飞魄，呼风可提魂”就是把成语“呼风唤雨”拆开分置一联的上下句，造成合掌。同样，把“魂魄”这个近义复合词分开放在上下句，犯的也是类似的错误。

再看“百年无热血，千古皆寒肠”一联，尾句犯了“三平尾”，这且不说，单说对仗。“百年”和“千古”都是时间；“无热血”和“皆寒肠”，将一个意思先正说，再反说，这也是一种合掌。

“神州滋雨露，赤县灿春花。”“滋雨露”与“灿春花”，从不同的两个侧面来表现，是不错的。但“赤县”与“神州”同义，上下句意思雷同。“赤县”与“神州”也是合掌。

《中华楹联报》刊登的《合掌对两串》，模仿《声律启蒙》的形式，形象地揭示了合掌问题，很有启发性。现转录如下：

其一

瞧对看，听对闻，上路对启程。后娘对继母，亡父对先君。醪五两，酒半斤，扫墓对上坟。乞援双瞎子，求助二盲人。岳父有因才枉驾，丈人无故不光临。十分容颜，五分造化，五分打扮；两倾姿色，一半生就，一半妆成。

其二

行对走，跑对奔，早晚对晨昏。侏儒对矮子，傻子对愚人。观浪起，看波兴，闭户对关门。神州千载秀，赤县万年春。国士无双双国士，忠臣不二二忠臣。大德似天高，天高加一丈；恩深如地厚，地厚减千分。

对于避免合掌，古今诗人对实词较严格，对虚词多放宽（此处实词与虚词依今说）。就是说，名词、动词、形容词、数词、量词、代词等实词在使用时要严防合掌。但有些特殊动词也可例外。例如杜甫的七律《小寒食舟中作》颔联：

春水船如天上坐，老年花似雾中看。

“如”和“似”是同义词，意思是“像”，此处当作动词使用。由于这一对同义词在句中占的比重很小，因此诗词界习惯上不把“如”和“似”视作合掌。同理，苏轼的“人似秋鸿来有信，事如春梦了无痕”，也不是合掌，与杜甫一联皆为千古名句。

对副词、介词、连词、助词等虚词对仗可适当放宽。诗句往往要运用虚词来调节全诗，而虚词往往同义，一般说来，这也不算合掌。例如杜甫《客至》颔联：

花径不曾缘客扫，蓬门今始为君开。

“缘”与“为”是同义词，王力在评论这一联时认为：“因为它们是虚词（介词），不是实词，所以不算缺点。再说，在一首诗中，偶然用一对同义词也不要紧，多用就不妥当了。出句与对句完全同义（或基本上同义），叫作‘合掌’，更是诗家的大忌。”当然，虚词若用得太多，效果也未必好。如李商隐诗：“何须琥珀方为枕，岂得真珠始是车”，这里“何须”对“岂得”、“方为”对“始是”，说来说去一个意思，虽是名家之作，也不足取。

有些对仗句用一些含义相近的词语相对，并且是个别非中心词特别是虚词，二者合掌的部分在联中比重很小，无碍大局，亦可适当放宽。如“万里长征欣比翼，百年好合喜同心”，其中“欣”和“喜”同义，合掌，但“欣”和“喜”在全联中所占比重很少，可以通融。

在创作实践中，诗人遇到“事异义同”的词句，要特别慎重，防止一不留神造成合掌。南宋魏庆之《诗人玉屑》曰：“两句不可一意。”“事异义同”即对仗句中的出句与对句所用词汇虽字面字义不同，但含义相近或一样，也可能造成合掌。如“胡马依北风，越鸟巢南枝”，虽写两种动物，但含义类同，均是思乡，表现的是一个主题，这也是事实上的合掌。梅尧臣《较艺和王禹玉内翰》：“力捶顽石方逢玉，尽拨寒沙始见金。”纪昀在《瀛奎律髓》中说，此“二句亦合掌”。“事异义同”的合掌是极易犯的毛病，如“每借浮云遮丽日，常生迷雾蔽晴天”“抗日军民驱虎豹，歼敌劲旅战熊罴”，皆为合掌句。

为了打造精品，撰写高质量对仗，应当尽量避免合掌。必须杜绝两句全部同义，对部分字词合掌的也要提高警惕。

上面说的主要是语义雷同形成的合掌。王力在《汉语诗律学》中说：“合掌指的是同义词相对，不是上联的对仗方式和下联的对仗方式完全相同。”这与其在《近体诗格律学》中，把合掌概括为两种有所不同。王力在《近体诗格律学》中说：第一种是语义雷同造成的合掌，“合掌是诗文对偶意义相同的现象，事实上就是同义词的相对”。第二种是结构形式雷同造成的合掌，是从对仗形式来说的。“上联的对仗方式与下联的对仗方式完全相同，那也是诗人所极力避免的。对仗上避免两联（即颔联与颈联）雷同，颇像平仄上避免失粘，因为都是避免形式上的重复呆板的。”

我们不必死抠合掌的定义类型，我们只须明白，对仗字义相同，是必须避免的；对仗形式雷同，同样也必须避免。

有人爱从古代名人诗句中的缺陷找证据，来说明今人写诗可以不守规则，或者专门模仿古人有缺陷的诗句如法炮制。我们认为，对这个问题，不能钻牛角尖。

古代很多名家名诗，如崔颢的《黄鹤楼》，是历代诗人所推崇的珍品，但此诗有些不协律，原因是唐时格律初定，许多规则都没有完善，还在探索之中。再如王籍的“蝉噪林逾静，鸟鸣山更幽”是流传千古的名句，按今人看来此联有合掌之嫌，是为美中不足。但王籍是南北朝人，他的时代不可能有后来的规则，我们不能以后来的规则来要求王籍。有的古代诗词中出现的合掌或者其他弊病，大都是当时人们对这些问题没有取得一致认识的反映。我们在学习前人珍贵历史遗产的同时，难道要把尚未定型的不合理成分奉为圭臬吗？名人的诗，并非每首都是精品，某些带有个例的实验性的作品，如杜甫的拗体律诗，也是不足为法的。我们应正确对待名家：好的，当学习继承；不好的，也应该有敢于摒弃的勇气。

（二）如何有效避免合掌

1. 避免内容意义上的雷同。前文我们已经讨论过，诸如虚实相生、动静结合、时空分述、调动五官、宏微相谐、情景交融、用典达意、赋比并用、疑慨拓义、联想入诗、以己度人、虚字相对等艺术手法、艺术形式，虽然说的是创作中二联对仗之法，对于一联之内避免合掌，也是完全适用的。一联之内最好有分工，各有侧重，如一人一事，一景一情，一水一山，一今一昔，一远一近，一议一叙等。由于内容上（即意义上）说的是两个角度，虽有关联，却是两种不同的事物（或人、物），就不易造成合掌。例如写景，出句对句可以一小景一大景，或一高位一低位，一山一水，一早一晚，一动物一植物，一色一声，一动一静，等等。写人事，出句对句可以一他人一自己，一人物一动物，一地点一时间，一现在一以前，一聚一别，一得一失，一喜一忧，等等。

清朱庭珍《筱园诗话》中，对避免对仗合掌有一大段分析，读之可受到启发。引用如下：

律诗炼句，以情景交融为上，情景相对次之，一联皆情，一联皆景又次之。然一联皆写情，则两句须有变幻，不可一律，致犯合掌之病。一联皆写景亦然，或上句写远，下句写近，或上句写所闻，下句写所见。总写一句自有一句之意境，两句迥然不同，却又呼吸相应，此为至要。情景交融者，景中有情，情中有景，打成一片，不可分拆。如工部“感时花溅泪，恨别鸟惊心”，“卷帘残月影，高枕远江声”，“村春雨外急，邻火夜深明”，“风月自清夜，江山非故园”，“露从今夜白，月是故乡明”，“山鬼吹灯灭，厨人语夜阑”，“落日心犹壮，秋风病欲苏”；右丞“白云回望合，青霭入看无”，“松风吹解带，山月照弹琴”，“行到水穷处，坐看云起时”，“时倚檐前树，远看原上村”，“大壑随阶转，群峰入户登”；常建“山光悦鸟性，潭影空人心”；嘉州“白发悲花落，青云羡鸟飞”等句，皆是句中有人，情景兼到者也。情景相对者，如工部“白首多年病，秋天一味凉”，“几年逢熟食，万里逼清明”，宋之问“老至居人下，春归在客先”，顾况“一家千里外，百舌五更头”等句，一句情对一句景是也。至一联皆情、一联皆景佳句，诗家更多，不可胜数。其两句写成一例，意境合掌，不可为训者，如“蝉噪林欲（逾）静，鸟鸣山更幽”一联，王介甫以写景略无变幻，两句一律少之，上句改为“风定花犹落”，而以“鸟鸣山更幽”作对，谓如此则上句静中有动，下句动中有静，不致合掌，便成写景名句。所论入微，初学详之。

这段话，对我们认识合掌和避免合掌，无疑是有一定帮助的。

2. 尽量不选一个大类一个小门里意义过于接近的词语对仗，尽量不选同义词和近义词对仗。为了避免对仗创作中出现合掌，在立意、构思时就要统筹全局，安排好上下两句的布局；上下两句紧紧围绕一个主题，选择不同的角度、不同的内容、不同的事物、不同的时空、不同的寄意落笔，意思就不会重复，就不会合掌了。避免合掌之法，就是不要一味求工，可以用邻对，两句意思要拉开距离。

初学者在写作对仗时，往往想起同类的词汇，使用同义、近义词相对，例如出句用“日月”，对句马上惯性思维想到“光阴”。“日月”和“光阴”都是时间概念，就容易造成意义上的合掌。一说“光阴似箭”，马上想起“日月如梭”，实际上两句一义，都是形容时光流逝很快，这就是合掌。若出句写时间，对句写空间，还会合掌吗？

固定思维模式最易造成合掌，例如，提起“呼风”，马上就想起“唤雨”；提起“魂”，马上就想起“魄”；提起“房”，马上想起“室”；提起“枝”，马上想起“叶”；提起“百年”，马上想起“千古”；提起“神州”，马上想起“赤县”；提起“羡慕”，马上想起“佩服”……或将一个成语拆开分置一联的上下句，这样的写法都很容易合掌。即使没有合掌，因其来得容易，词语太熟，也很难成为好的对仗。

有位诗友写了一首与同学同游的五律，其中颈联是：“傅粉撩红叶，施朱逗碧泉。”我说，“傅粉”和“施朱”都是写化妆，合掌了。这位诗友不认同，因为《笠翁对韵》中有“傅粉对施朱”。我说，二者都是化妆，说的是一个意思；建议将“施朱”改为“清歌”，“清”虽是形容词，但可以活用为“唱着清丽的歌”。这位诗友连连称赞，并懊恼自己为何没想到。为何没想到？就是思路固化不能超脱的缘故。

还有一位诗友给我看了一副对联：

丹青描盛世，笔墨著华章。

丹为朱砂，青为石青。《现代汉语词典》（第7版）对丹青的释义为：①红色和青色的颜料，借指绘画：丹青手（画师）、丹青妙笔、擅长丹青。②指史册；史籍：功垂丹青。

“丹青”和“笔墨”皆为并列结构的名词，“描”和“著”都是动词，“盛世”和“华章”都是偏正结构的名词词组。这副对联分看上下联，平仄没有问题。但全联合起来看，对仗就有问题了：“丹青”和“笔墨”都是写写画画的事，再说丹青也要通过笔墨来描画或书写，二者合掌了；“描”和“著”字义相近，也有合掌之嫌。只有“盛世”与“华章”是一个事物不同的两个方面，是合适的相对偶的词语。

造成合掌的原因，也是太习惯于“就事论事”了，一提“丹青”，脑子里马上想到“笔墨”，顺势而来的，既然丹青是“描”，那么笔墨就应是“写”。说来说去，还是围绕着写写画画绕圈子，造成思路被固定在一个狭窄的框子里，不光影响境界的进一步扩大，还造成了事实上的合掌。

我建议这位诗友两句选一句突破丹青或者笔墨，另辟思路，另择新词，跌宕开去，甚至离写写画画越远越好，从不同的角度切入修改。这位诗友同意我的观点，对联很快修改好了：

引吭歌盛世，挥笔著华章。

吭，为多音字，适合本联字义的音为 háng，义为“喉咙”。“引吭”，意思是放开喉咙吟诗或歌唱。“引吭”和“挥笔”皆为动宾词组，分属不同的角度，通过动词“歌”与“著”，作用于后面的宾语“盛世”“华章”：放开喉咙歌唱盛世，挥动笔墨著写华章。这副对联为正对，从不同的侧面歌唱盛世，著述华章，互为依存，互为映衬，非常精彩。其中下联还有更加深刻的意义，绝非仅仅写篇好文章而已。如果说上联是对盛世的高歌和赞美，那么下联就是在盛世之中，我们应该怎么做——要以自己的实际行动，为盛世增光添彩，谱写瑰丽的华章。从这个意义来说，上联是赞美，下联是行动，下联的“著华章”，有更多的象征意义。赞美和行动二者相辅相成，并行不悖，主题深刻，立意鲜明。

合掌是最易犯的毛病，一不留神就容易合掌。有时候辛苦写出一个对仗句，在审查时却发现合掌了，只好推倒重来。笔者避免合掌的尝试做法，是构思出句对句时，思维尽量发散，分述两个不同的意思（当然二者有关联），并且尽量离得远点，用词也尽量拉开距离，不用或慎用同义词和近义词，不用字虽异但义却同的词，避免句中主要词语雷同。这样对防止和避免合掌有较好的效果。

3. 使用“反对”是避免合掌的一个方法。反对者，即用反义词来对仗，如“有、无”“是、非”“明、暗”等，由于出句、对句的意思反向并立，构成对仗的两词组的意义相反，具有强烈对比、映衬作用，就不易出现合掌。

刘勰说：“反对为优，正对为劣。”（《文心雕龙·丽辞》）刘氏“优”“劣”之说有一定道理，因为反对对比鲜明，易生变化；而正对意义相关，弄不好还会出现合掌的毛病。但也不能将此说绝对化。反对与正对乃就上下句关系所分的两种对仗。刘勰说：“反对者，理殊趣合也；正对者，事异义同也。”反对为上下句意义相反相映、对立统一之对仗，如苏味道句“暗尘随马去，明月逐人来”；正对为上下句意义相关相谐、并列互补之对仗，如杜甫句“香雾云鬟湿，清辉玉臂寒”。前人运用正对和反对，都写出了很多著名诗篇，并且古今对仗，反对很少而正对较多。倘以正对为病，缘何古今诗人皆常用不避呢？正对非病，而合掌乃病。并不是说正对就不能用了。关键是诗者在使用正对时，要注意防止合掌。正因为正对容易流于“义同”，不小心会有合掌之患，所以我们应倡导多用反对。并且，正对反对最好交替着使用，只用其一，则单调呆板，若能兼用，则变化生动。

侯孝琼说：“客观世界本身，就是一个矛盾的统一体。其间虚实、上下、是非、有无等等，都是互相依赖而存在的矛盾对立面，而律诗中的‘反对’巧妙地用对仗的手法，揭示了自然、社会中矛盾的‘趣合’。在这类对仗中，矛盾的双方既向外延伸，各自走向一极，形成一个有张力的‘场’，又向内聚合，说明一个共同情理。”

杜甫是运用反对的典范。例如他的《登岳阳楼》诗：“亲朋无一字，老病有孤舟。”“有、无”二字以反对入诗。其他直接使用的反义词（或义对）如“非、是”“动、静”“多、少”“合、分”“落、生”“去、来”“短、长”“新、旧”“去、留”“明、暗”“重、轻”“深、浅”“暖、寒”等类目很多，举不胜举。杜诗运用反对为后人做出了榜样。通过反对，他将律诗的表现力发挥到了极致，传达了一种美妙超人的艺术境界。

又如温庭筠《苏武庙》颈联：“回日楼头非甲帐，去时冠剑是丁年。”“非甲帐”“是丁年”，“非”与“是”对。其他如鲁迅《自嘲》：“横眉冷对千夫指，俯首甘为孺子牛。”这类对仗从相反的方向揭示出矛盾的尖锐，上下句意思相反，就不会出现合掌，还能具有很强的艺术感染力。

4. 避免合掌的另一个有效办法是用“流水对”。流水对的出句对句各是一义，都不完整，两句合起来才是完整的一句话，即一句话分成两句说，好像流水一般不可逆转。著名的流水对如王之涣《登鹳雀楼》：“欲穷千里目，更上一层楼。”白居易《赋得古原草送别》：“野火烧不尽，春风吹又生。”流水对由于两句是顺承关系，不会同义，可有效防止语言板滞，一般不可能合掌，想合掌也难，所以律诗要有意识地多用一些流水对。但是流水对很难十分工整，有时只能是宽对。

5. 注意句内自对。自对有两种：一种是同义的并列结构，一词二字自对，如“宫殿”“天地”“教育”；另一种是反义的并列结构，一词二字自对，如“古今”“成败”“南北”。有了句内自对，就可以联内宽对。例如王维《春日与裴迪过新昌访吕逸人不遇》：“城上青山如屋里，东家流水入西邻。”句内“城上”对“屋里”，“东家”对“西邻”，四词都是偏正式，本句对得很工整；虽然上下句相应的字词如“城上”对“东家”，“屋里”对“西邻”，对得不工，但由于上下两句本句自对，这联对仗也很工整了。诚如王力所言，出对句“既自对而相对，虽宽而亦工”。对仗自然，上下两句词性不同类，更不是合掌了。

6. 采用“借对”。利用汉字多义的特点，采用“借义对”，字面上说的一个意思，实际包含另一种字义。这种对仗，显得新鲜生动，别有趣味。当然，它不是经常遇到的，偶尔顺势而用之，不可强求。同理，采用“借音对”也是一种方法。

三、忌过于雕琢

钱明锵在《走出对仗误区，创作律诗精品》一文中谈起格律诗现状时，指出当前律诗对仗的运用，主要存在以下弊病：死守旧有的、正统的对仗模式，呆钝死板；过于求正求工，七拼八凑，晦涩拗口；四言一法，句式类同，单调平板；语言修辞铺陈简单，缺乏韵味；两联内容重复，同类连叠，语言拘束，诗味索然。

广东诗人维常庵在《七律本联对仗三忌》中这样说：“夫对仗须工，此乃常识也。然天必对地，一必对二，雨必对风，工若《笠翁对韵》，村学究对课之死法也，学不得也。岳飞曰：‘阵而后战，兵家之常，运用之妙，存乎一心。’若拘泥工对，其对仗毫无生气，死对也。”

若求工过甚，用词容易局限于狭窄的范围而造成同义反复，造成结构呆板，妨害诗意的顺畅表达。在不“以言害意”的前提下求工，是必要的，但不要处处求工，可以适当使用宽对、反对、流水对，采取不同的修辞手法，转换不同语法结构的对仗句式，避免削足适履伤情损意。

当然，作好对仗需要多方面的学养和悟性，维常庵说：“对仗欲活，其言虽易而其制也实难，当需学养、悟性，能宕开其思，或天上，或地下，或宏观，或微观，或仙家，或冥界，或古典，或今事，信手拈来，天衣无缝，此非一日之功也。至于前贤言诗非关学者，乃大谬也。”有了丰富的学养、灵敏的悟性加善于联想和想象，才能思路开阔，信手拈来，将对仗对得天衣无缝，这确非一日之功。

王夫之说：“对偶语出于诗赋，然西汉、盛唐皆以意为主，灵活不滞。唯沈约、许浑一流人，以取青妃白，自矜整炼，大手笔所不屑也。宋人则又集古句为对偶，要亦就彼法中改头换面，其陋一尔。”（《薑斋诗话》）

吴雷发亦云：“诗之属对，固在工整。然间有自然成对者，虽字句稍借，正不害其为佳。今人于一二字辄多嗤点，纵非忌刻，亦是见识不广。试观老杜句，如……‘城郭终何事，风尘岂驻颜’；‘蛟龙得云雨，雕鹗在秋天’……以今人论之，必以为欠工确。然于老杜则忽之，于后人则必刻求。如谓老杜则可，后人则不可，将厚责后人耶？是薄待老杜矣！抑姑置老杜耶？是薄待后人矣！第在作者，不可借口以为自恕耳？”（《说诗菅蒯》）

对仗，是律诗大放光彩之处，也是最引人注目的地方。我们在追求工对的同时，当然不能忽视意象意境的营造。南宋叶梦得在《石林诗话》中说：“自有天然工妙，虽巧而不见刻削之痕。”这是我们经营工对时需注意的。纵观唐宋名家格律诗的对仗，更注重开拓意境，自然和谐，并不拘泥于个别词语的严格对仗。例如王维《辋川闲居赠裴秀才迪》的颔联、颈联：

倚杖柴门外，临风听暮蝉。

渡头余落日，墟里上孤烟。

有人认为颔联对仗不工，其实此联实为流水对（请参见有关流水对章节)。颈联“落”为动词，“孤”为形容词，但“落日”“孤烟”都是偏正结构。在一定条件下，动词与形容词是可以对仗的。颈联上句写渡头落日，下句写村落晚景，落日的余晖与孤烟的升腾互相映照，有动有静，动静结合，活脱脱一幅水边村落夕照炊烟图。对此，《红楼梦》四十八回中，香菱大发感叹道：“这‘余’字合‘上’字，难为他怎么想来!”

《红楼梦》四十八回中还有一段关于写诗的讨论颇有意味：

黛玉道：……“（写诗）不过是起承转合，当中承转是两副对子，平声对仄声，虚的对实的，实的对虚的，若是果有了奇句，连平仄虚实不对都使得的。”香菱笑道：“怪道我常弄一本旧诗偷空儿看一两首，又有对的极工的，又有不对的，又听见说‘一三五不论，二四六分明’。看古人的诗上亦有顺的，亦有二四六上错了的，所以天天疑惑。如今听你一说，原来这些格调规矩竟是末事，只要词句新奇为上。”黛玉道：“正是这个道理。词句究竟还是末事，第一是立意要紧。若意趣真了，连词句不用修饰，自是好的，这叫做‘不以词害意’。”

这实际是曹雪芹对诗词遣词造句的创作观。古人尚如此，今人写诗，更不必以“严整”“铢两悉称”为最高标准，为了意境和表达的需要，为了创作韵味十足的佳制，有时候形式上虽略有不工也应允许，不可戴着固定的有色眼镜去衡量。

古往今来的名句，多半是大部分词语对得工，少数个别词是对得不工甚至是失对的。当代诗家尹贤曾在《请给对仗松松绑》一文中举过一例：

陆游的名句“山重水复疑无路，柳暗花明又一村”，如是今人来写，恐怕过不了编辑和导师这一关。动词“疑”怎能对副词

“又”？“无”对“一”也勉强。“又一村”在某些名师笔下，很可能被改为“喜有村”，“疑”对“喜”，“无”对“有”，多工！这样，工则工矣，原有鲜活流动的神韵就丢失了。

尹文所说“无”对“一”有些勉强，“无”是动词，“一”是数词，二者相对自然勉强。当然若将“无”视为“零”，与“一”这个数词相对，也说得过去。也可以将“无”与“一”视为虚对虚，因古人将词分为“实”与“虚”两类，“实”就指名词，其他词皆为“虚”，那么“无”和“一”自然是虚对虚了。尽管如此，“无”对“一”的确不太工整。但不可否认的是，就这似对非对的字词，也照样成就了千古名句。

这样的例子还有很多，如李商隐的“身无彩凤双飞翼，心有灵犀一点通”。此联比喻恋爱着的男女双方心心相印。现今下句句义已扩大到比喻彼此的心思都能心领神会。若按词性，“双飞翼”与“一点通”并非工整的对仗。且不说“飞”与“点”词性不吻合（“飞”是动词；“点”是副词，表示程度或用于事项），单说“翼”和“通”，一是名词，一是动词，二者就有对仗不工之嫌。若死守词性对此联不“放行”，那就失去了一联千古名句。

又如李白的“三山半落青天外，二水中分白鹭洲”。“青天外”是名词“青天”加方位词“外”，而“白鹭洲”则是一个不可分割的地理名词，方位词“外”怎么能与地理名词“洲”相对？若按照严格的同类词性对仗要求，二者对仗也不是太工，但并不影响此联成为脍炙人口的名句。

再如刘禹锡的“千寻铁锁沉江底，一片降幡出石头”。名词“铁”对动词“降”，若按词性显然不工；但“铁锁”和“降幡”同为偏正结构，整体上还是工整的。

又如李商隐《安定城楼》的颔联、颈联：

贾生年少虚垂涕，王粲春来更远游。
永忆江湖归白发，欲回天地入扁舟。

颔联“年少”与“春来”、“垂涕”与“远游”似乎并未字词照应，颈联“白发”对“扁舟”也不是颜色词相对，但都是偏正结构。

又如杜甫《登楼》的颔联：

锦江春色来天地，玉垒浮云变古今。

“春色”“浮云”二者词性结构不同，但都为偏正结构。

假如我们不跳出“按图索骥”“锱铢必较”的思维模式，就会在写作或评判诗词对仗时钻牛角尖，或误把好诗当作不合格。有位诗友写了一首诗与我共赏，其中一联是“频频回首关山路，屡屡惊心风雨楼”。我评论道：诗很好！若鸡蛋里挑骨头，“关山”与“风雨”前者为偏正结构，后者为联合结构，多少有些不合。之后我一直觉得恐不稳妥，就查阅了相关资料。关山，古称陇山，一说在甘肃省天水市张家川回族自治县境内，是历史上有名的难越之山，自长安西去，必越关山。一说关山在宁夏回族自治区南部。又说关山泛指关隘和山川，如在《乐府诗集 · 木兰诗》“万里赴戎机，关山度若飞”中即为虚指。看来关山既实指具体的关山，又在文学意象中泛指关隘和山川，甚至譬喻艰难险阻，并非一定确指。从“关隘和山川”这个词义来说，“关山”也是联合词组，完全可以与“风雨”相对并形成工对。当然，如果是确指的关山，“关山路”对“风雨楼”前两字略显不工。这位诗友的“关山路”显然是虚指泛指。弄清了这个道理后，我立即向其致歉：“你的‘关山路’与‘风雨楼’对仗是工整的，之前我的理解有误。”

还有一种情况需要特别提出，就是诗词创作中大量存在着的词类活用现象。词类活用，在古汉语散文里大量存在。略举几例：

“晋军函陵”（《左传·烛之武退秦师》）军：名词，军队，这里用在处所补语的前面，活用作动词，义为驻扎、驻军。句意是：晋军驻扎在函陵。

“今夫差衣水犀之甲者亿有三千”（《国语·勾践灭吴》）衣：音 yì，名词作动词，义为穿。句意是：现在夫差穿水犀皮铠甲的士卒有十万三千人。

“必庙礼之”（《国语·勾践灭吴》）礼：名词用作动词，义为以隆重的礼节接待。句意是：一定在庙堂上以隆重的礼节接待他。

“吾妻之美我者”（《战国策·邹忌讽齐王纳谏》）美：形容词的意动用法，以……为美，即“认为……美”。句意是：“我”的妻子认为“我”漂亮的原因。

“尊长安君之位”（《战国策·触龙说赵太后》）尊：形容词使动用法，使……尊贵、高贵。句意是：使长安君的地位很高。

词有三义：原义、引申义、转移义。由于汉字具有通假、借代、形声，以及一词多用的特点，这就使得有些词在不同的语言环境中，词性、词义发生改变。如动词名词化，名词动词化，形容词名词化等。例如“赤、橙、黄、绿、青、蓝、紫”是形容词，名词化后可以当名词用，动词化后也可以当动词用。介词“把、从、向、朝、为、往、于、比、被、在、对、以、通过”等，动词化后可以当动词用。

在诗词中，这种词类活用的例子也很多，例如刘禹锡《酬乐天扬州初逢席上见赠》的颈联：

沉舟侧畔千帆过，病树前头万木春。

过，动词，通过，这里意思为驶过。春，原为名词，这里活用为动词，指（万木）在春天里蓬勃生长。

再如杜甫《江边星月二首》其一的首联：

骤雨清秋夜，金波耿玉绳。

“清”“耿”本是形容词，这里作动词用，是使动用法。句意为：骤雨使秋夜更清，金波使明星更明。

再如王维《从岐王夜宴卫家山池应教》的颔联：

涧花轻粉色，山月少灯光。

“轻”“少”本是形容词，这里意动为动词。句意为：涧旁的花粉白相间，美丽极了，它胜于妇女脸上的红粉妆容；山月皎洁，连灯光也没有它明朗。

再如温庭筠《商山早行》的颔联：

鸡声茅店月，人迹板桥霜。

“月”和“霜”原是名词，这里作动词用了，成为“戴月启程”和“在霜上留下人迹”的意思。

再如李嘉佑《同皇甫冉登重玄阁》的颔联：

孤云独鸟川光暮，万井千山海色秋。

“暮”和“秋”原是名词，这里成了形容词。“暮”形容群山暮霭苍茫；“秋”形容海色萧肃。

又如苏轼《浣溪沙·簌簌衣巾落枣花》下阕对仗句：

酒困路长惟欲睡，日高人渴漫思茶。

惟欲睡：只是想睡觉。漫思茶：很想喝茶。睡，动词；茶，名词活用作动词，作喝茶讲。

再如辛弃疾《破阵子·为陈同甫赋壮词以寄之》上阕对仗句：

八百里分麾下炙，五十弦翻塞外声。

炙：一解烤，动词；二解烤熟的肉。按第二解可对仗。

又如刘禹锡《乌衣巷》的首联：

朱雀桥边野草花，乌衣巷口夕阳斜。

野草花：可有两解，一指野草、野花；一指野草开花，“花”字活用为动词。根据后一解，此联是工整的对仗句。

据此而论，我们也可以把李商隐“身无彩凤双飞翼，心有灵犀一点通”的“翼”字理解为“以翼飞”——名词活用为动词；也可以把“双飞翼”理解为“双翼飞”——即前面说的“错综对”手法（这样，“一点通”的“点”转作名词用）。以前者论，此联对仗相对工整，以后者论，此联就是很工整的对仗了。

再如李商隐《无题》的对仗句：

晓镜但愁云鬓改，夜吟应觉月光寒。

“镜”本为名词，对应的“吟”却是动词，原来“镜”活用为动词，作“照镜”讲。

再如杜甫《泛江送客》的对仗句：

泪逐劝杯下，愁连吹笛生。

“劝”和“吹”原是动词，这里用作形容词。“劝”是“劝酒的”之意；“吹”是哀怨悲切的意思。

若不明白词类活用的功能，就会把词性变化视为词性不合，把许多对仗句看成不对仗，或者在写诗选词用字上循规蹈矩，不能灵活自如地扩大选择思路，而使诗句写得拘谨呆板，缺乏生机和活力。

还有许多词性不同，也用作对仗的例子，如唐彦谦《离鸾》的颔联：

尘埃一别杨朱路，风月三年宋玉墙。

此联用两典："杨朱路"出自于杨朱歧路亡羊之典；"宋玉墙"出于宋玉《登徒子好色赋》"邻女窥墙"之典。"尘埃""风月"，并列式名词相对；"一""三"，数目字相对；"杨朱""宋玉"，人名相对；"路""墙"，名词相对。以上皆为工对。唯有"别"为动词，"年"为名词，似乎出格。但由于其他多数词为工对，此联也当属工对了。古代名家诗词中词性不同却也用作对仗的还有很多，例如：

近接西南境，长怀十九泉。

（杜甫《秦州杂诗二十首》其十四）

"西南"是方位词，"十九"是数词。

万里悲秋常作客，百年多病独登台。

（杜甫《登高》）

"悲"是动词，"多"是形容词，词性不同。

人生五马贵，莫受二毛侵。

（杜甫《送贾阁老出汝州》）

有人分析："五马"与"二毛"是工对；"贵""侵"，词性虽不同，但都是谓语，亦可算作宽对；唯"人生"是名词，"莫受"是副词加动词，从词性上看它们是不相对的，但其却有使对仗一气贯下的流动之感，所以也算宽对了。笔者认为，此联是流水对，流水对是不能按照其他一般对仗方式论其是否均齐工整的。

黄云高未动，白水已扬波。（杜甫《日暮》）

从字面看来，后三字不对仗。但此联实为转折关系的流水对。（虽然）黄云高未动，（但是）白水已扬波。

菱熟经时雨，蒲荒八月天。

（杜甫《与任城许主簿游南池》）

“菱熟”与“蒲荒”相对。有人说，后三字中“经”与“八”相对好像不工。笔者认为，“经时雨”与“八月天”总体上还是对仗的，属于宽对。因为“经时”指经历长时间，“经时雨”指长时间的雨。

美名人不及，佳句法如何？

（杜甫《寄高三十五书记》）

本联以疑问词“如何”与副词“不”动词“及”组成的“不及”一词对仗，似对非对。

再如副词“不”与心理动词“欲”一般是不能相对的，但在特定的语言环境中，可以相对。如南宋诗僧志南《绝句》：“沾衣欲湿杏花雨，吹面不寒杨柳风”，即是千古名句。

所以王力在《诗词格律》中说：“邻对，即附近的事类相对。例如天文对时令，地理对宫室，颜色对方位，同义词对连绵字，等等。……这类情况是很多的。”他还说：“在一个对联中，只要多数字对得工整，就是工对。”

再补充一点，对仗许多时候是作为一个词组、一个整体来对仗的，并非是逐字相对，逐字对仗很容易走到“舍弟江南殁，家兄塞北亡”（舍弟死而家兄在，为了作对仗句，说家兄也死了）的歧路上去。

对仗应结构一致、词性一致基本成了理论界的共识。然而，一个事实是：古今近体对仗，句法结构和词性不一致的现象均很普遍。

我们看到，不同类的字经常通过“邻对”“宽对”的形式相对。词性一致可以相对，词性不一致也可以相对；副词、介词、连词、助词相互邻对的情况更多，动词和形容词经常邻对；在一定条件下，所有实词都可以相对。例如孟浩然《留别王侍御维》的颈联：

当路谁相假，知音世所稀。

名词“世”和代词“谁”皆为实字，这里二者邻对。

又如孟浩然《与诸子登岘山》的颔联：

江山留胜迹，我辈复登临。

“江山”是名词，“我辈”是代词，这里二者邻对。笔者认为，本联为承继关系的流水对。既是流水对，词性自然可以放宽。

又如杜甫《春宿左省》：

星临万户动，月傍九霄多。

这里动词“动”与形容词“多”二者邻对。

虚词里的邻对更加普遍，副、介、连、助和代词，几乎全部都可以邻对。如杜甫《自瀼西荆扉且移居东屯茅屋四首》其二的颔联：

往来皆茅屋，淹留为稻畦。

这是副词“皆”对介词“为”。

又如李白《听蜀僧濬弹琴》的颈联：

客心洗流水，余响入霜钟。

“客”是名词，“余”为动词；“流”是动词，“霜”为名词。以上几词均为定语，本联固然可以作为定语邻对的例子。但笔者看来，这个“余”字在此虽作为动词来用，但却用了借义对。因为“余”还有“我”的意思，以“余”对“客”，应属邻对。“客心”“余响”“流水”“霜钟”都是偏正结构的名词词组，应为邻对。

又如李白《送友人》的颔联：

此地一为别，孤蓬万里征。

此联也是流水对。“此”为代词，“孤”为形容词，“此地”与“孤蓬”皆为偏正结构；“一”与“万”从表面看都是数字。因此，“为”和“里”虽词性不合，整副诗联也是很好的对仗了。

在对仗的限制中，最严苛的应当是作谓语的动词，它一般是不允许与名词相对的；若相对，名词往往是兼类或活用为动词。然而这规则也并非铁律，试举一些对仗：

三顾〔动〕频烦天下计，两朝〔名〕开济老臣心。

（杜甫《蜀相》）

寒枝一绽〔动〕已春色，轻萼数点〔名〕亦幽香。

（张居正《咏江滨梅得阳字》）

功盖三分〔动〕国，名成八阵〔名〕图。

（杜甫《八阵图》）

灵丸捣就千年〔名〕药，镔屑锤成百炼〔动〕身。

（张居正《玄兔》）

身无彩凤双飞翼〔名〕，心有灵犀一点通〔动〕。

（李商隐《无题》）

一身〔名〕去国六千里，万死〔动〕投荒十二年。

（柳子厚《别舍弟宗一》）

满朝白面三迁〔动〕议，一角黄旗万岁〔名〕声。

（袁枚《澶渊》）

上面数例可以看出，词性不合却常用于对仗的诗句，多与数量词有关，哪怕是表面上的数量词。这是否可以得出这样的结论：在有数量词的句子中，即便词性不合，名词也是可以与动词相对仗的。这与其说是偶合，倒不如说是约定俗成。古代哪有严格的语法修辞规定，只要从字面上大体相合，诸如“三杯（名）”与“一笑（动）”、“双飞翼”（“双”理解为数字“二”）与“一点通”也可以对仗了。

这种对仗方式应用特别广，几乎成了一种时尚。我们不能单纯用“不以律害意”来解释。为什么明明出格且犯了大忌，却反而给人以工丽之感呢？

王力曾经这样讨论工对：“本来，对仗很难字字工整；但只要每联有一大半的字是工对，其它的字虽差些，也已经令人觉得很工。尤其是颜色、数目和方位，如果对得工了，其余各字就跟着显得工。这是仔细体会得出来的。”（《汉语诗律学》）例如：

几度听鸡歌白日，亦曾骑马咏红裙。

（白居易《寄殷协律》）

“几”是代词；“度”是量词，次；“亦”是副词，也、也是；“曾”是副词，曾经。“几度”，疑问代词，虚指几次、好几次之意；“亦曾”，副词，也曾。由于后面“听鸡歌白日”与“骑马咏红裙”对得工整，作为连接诗人行为的疑问代词“几度”与副词“亦曾”也就显得顺理成章了。

我们必须明白，对仗无规矩不行，没有这些一般规律的规定，就不可操作；但规矩不是丝毫不能超越。在对仗创作中，有个别地方突破规矩是极有可能且必要的，允许个别地方合理地“出格”，灵活地运用修辞手法，才能真正达到加强语言表达力的目的。

王力在《诗词格律》一书里说：“语法结构相同的句子（即同句型的句子）相为对仗，这是正格。但是我们同时应该注意到：诗词的对仗还有另一种情况，就是只要求字面相对，而不要求句型相同。”

按此操作，就形成了以句法结构相同的对仗为主，句法结构不同的对仗作为补充的两种对仗形式。

为了防止过于雕琢而造成板滞之病，我们要提倡多用宽对。

若死守对仗词类的分类，认为只有同一门类的事物相对才“最工”，按此操作下来，有些同门类词汇相对，极易造成两个意义相近的名词互为对仗，如“室”对“房”，“河”对“川”等，从而对出合掌的诗句。诗歌的对仗贵在巧妙工稳，以自然能工为最佳。由于工对的范围很窄，近体诗受格律约束已经不少，如果在对仗上也处处求工，生硬套用堆砌，使意境情趣受限，对仗就缺少思路回旋余地，写出的诗句就死板呆滞，味同嚼蜡。因此许多名联并不刻意求工。例如刘长卿《寻南溪常道士》颔联：“白云依静渚，芳草闭闲门。”“白”“芳”、“依”“闭”皆异类为对，因而更富于活泼泼的生机妙趣。

当代诗人王巨农《观北海九龙壁有作》诗中对仗句“天鼓挝南国，春旗荡邓林”，将姓氏名词“邓”与方位名词“南”对仗；蒋薛《盼港回归》对仗句“望穿南海水，搔落白头丝”，用颜色词“白”与方位词“南”对仗。虽均非同类名词，但“南国”“邓林”“南海”“白头”都是偏正结构，整体上对仗还是工整的，都不影响这两个作品在全国大赛中获奖。

王力说：“总之，律诗的对仗不像平仄那样严格，诗人在运用对仗时有更大的自由。艺术修养高的诗人常常能够成功地运用工整的对仗，来做到更好地表现思想内容，而不是损害思想内容。遇必要时，也能够摆脱对仗的束缚来充分表现自己的意境。无原则地追求对仗的纤巧，那就是庸俗的作风了。”（《诗词格律》）

如今诗界，存在着只求四平八稳“格律溜”的陈词老调，我们必须改变思维定式，确立精品意识，创造出精品的合适氛围，写出不求字字工、但求句句佳的对仗名作；更寄希望我们的诗评家，不以对仗“铢两悉称”为最高标准，也赞扬一下略有不工，但韵味十足的佳品。

不过，话又说回来，对于初学对仗的人，还是要按一般规矩办事，对仗尽量工整严谨。不能以借表达思想为理由，随意突破规则，不要规矩，搞对仗的“自由主义”。只有这样，才有助于提高格律诗的对仗水平。

本节最后，笔者再强调一点：欲学对仗，还必须学点语法、逻辑、修辞等方面的知识。不然，若没有起码的常识，对仗也不会有大的突破。

另外，学习对仗，一定要养成多查工具书的习惯，弄清一个字、词的字义、词性、语法结构等基本知识——这是做好对仗功课的基本前提。若连字义、词性、语法结构也搞不清，就谈不上做好对仗。

第四章　词曲的对仗

对仗是古典诗词的重要艺术手段之一。近体诗的对仗，要求相当严格。例如律诗颔联、颈联就必须用对仗，且一联之间平仄要相反，词性的意义要大致相同，并且要避免无序重字。而词、曲的对仗要求不如近体诗那么严格，许多情况下，什么地方用对仗也有较大的灵活性。

用本书开头界定的对仗与对偶的分类标准来说，词曲的许多对仗，固然与格律诗的对仗相合，是标准的对仗句，但也确有许多“对仗”句，因受格律、重字等因素限制，其实只是对偶。但大家仍然习惯于统一地称其为对仗，本书也延用惯例，统称为对仗。不过我们应明白，词曲的某些对仗，与律诗的对仗还是有差别的。不可全以律诗的对仗规则来要求词曲的对仗。

一、词的对仗规则

具体来说，词的对仗有以下特点：

1. 凡相连的字数相等的两句，都可以用对仗。当然也可以不用对仗，这个自主权全在于词人。

一般来说，上下片开头的地方，用对仗句较多。例如下面的例子就用了对仗：

碧云天，黄叶地。/黯乡魂，追旅思。

（范仲淹《苏幕遮》上片与下片前两句）

云散雨初晴，蝉噪林逾静。

（葛长庚《卜算子》上片前两句）

吞又吐，信还疑。

（黄庭坚《诉衷情》下片前两句）

收锦字，下鸳机。

（贺铸《捣练子》上片前两句）

砧面莹，杵声齐。

（贺铸《杵声齐》上片前两句）

雾失楼台，月迷津渡。驿寄梅花，鱼传尺素。

（秦观《踏莎行》上片与下片前两句）

词的中间，也有对仗的。如前所说，只要是相邻的两句字数相等，词人都可以决定用对仗或不用对仗。例如寇准《江南春》前四句就有两组对仗句：

波渺渺，柳依依。

孤村芳草远，斜日杏花飞。

同样的上下两片，字数相等，词人可能在某一片的某两句用了对仗，但在另一片的同样位置，却不一定也用对仗。例如苏轼《望江南·超然台作》：

春未老，风细柳斜斜。试上超然台上望，半壕春水一城花。烟雨暗千家。

寒食后，酒醒却咨嗟。**休对故人思故国，且将新火试新茶。**诗酒趁年华。

同样句式，上片未对仗，下片第三、四两句对仗。读者可能会问：上片同样位置也对仗行不行？当然行。这要由词人决定。再看辛弃疾《破阵子·为陈同甫赋壮词以寄之》：

醉里挑灯看剑，梦回吹角连营。八百里分麾下炙，五十弦翻塞外声，沙场秋点兵。

马作的卢飞快，弓如霹雳弦惊。了却君王天下事，赢得生前身后名。可怜白发生！

标为黑体字的句子都是对仗句。可以看出，有的对仗是宽对，不那么严格。例如“了却君王天下事，赢得生前身后名”，“君王”与“生前”就不太工整，为宽对。但这两句整体上是对仗的。

再看刘辰翁《柳梢青·春感》上片的对仗句：

铁马蒙毡，银花洒泪，春入愁城。

笛里番腔，街头戏鼓，不是歌声。

同是《柳梢青》词牌，辛弃疾“三山归途代白鸥见嘲”（不再列出）全词没有一个对仗句。

再列出一些词中的对仗句，供读者参考：

吴山青，越山青，两岸青山相送迎，谁知离别情？

君泪盈，妾泪盈，罗带同心结未成，江头潮已平。

（林逋《相思令》上片与下片前两句）

云观三山清露，长生万鬣青松。

雾鬓新梳绀绿，霞衣旧佩柔红。

（李祁《西江月》上片与下片前两句）

水是眼波横，山是眉峰聚。

（王观《卜算子·送鲍浩然之浙东》上片前两句）

明月别枝惊鹊，清风半夜鸣蝉。/七八个星天外，两三点雨山前。（辛弃疾《西江月·夜行黄沙道中》上片与下片前两句）

燕燕轻盈，莺莺娇软。

（姜夔《踏莎行》下片前两句）

潮生浦口云，潮落津头树。

（康与之《卜算子》上片前两句）

2. 词的对仗句平仄格式只对词谱负责，不受格律诗“联内平仄相对（相反）”规则的限制。

例如秦观《鹊桥仙》起拍与过片前两句的两组对仗：

纤云弄巧，飞星传恨。

柔情似水，佳期如梦。

其两组对仗句格律都是“㊥平㊦仄，㊥平㊦仄”（㊥表示宜平可仄，㊦表示宜仄可平），格律上是失对的。但词谱规定如此，不影响构成对仗句。

需要注意的是，词依照词谱要求来填写，平仄是否相对并不是作者可以随意改变的。但只要是相邻两句字数相等，无论平仄格律如何，词人都能决定其对仗或不对仗。

这里举的例子，是与格律诗平仄规则不同的对仗。当然，在填词中，有许多相邻句子是与格律诗平仄规则相吻合的，这样的句子也不在少数。若按此格律对仗，写出的对仗句与格律诗的平仄规则是一致的。例如秦观的《浣溪沙》与李清照的《浣溪沙・春景》下片前两句：

自在飞花轻似梦，无边丝雨细如愁。　（秦观）

远岫出云催薄暮，细风吹雨弄轻阴。　（李清照）

㊦仄㊥平平仄仄，㊥平㊦仄仄平平。

此两联格律是按照词谱规定而写，平仄格律是与格律诗的规则完全吻合的。

3．词的对仗可以同字相对。

在格律诗中，对仗的两句绝不能同字相对，甚至在整首诗中也要尽量避免无序重字。但词的对仗完全可以同字相对，甚至填一首词的全过程对重字也没有禁忌要求。例如蒋捷《一剪梅·舟过吴江》上下片句首、句中、句末的对仗句：

江上舟摇，楼上帘招。
风又飘飘，雨又萧萧。
银字笙调，心字香烧。
红了樱桃，绿了芭蕉。

这四个对仗句中，每一个对仗句都有同字相对。

再如《沁园春·雪》的一组对仗句：

千里冰封，万里雪飘。

“里”字也是同字相对。

4．对词谱标明“例用对仗”的两个句子，最好要用对仗。

词谱说明中，往往标明“某某两句例用对仗”，就是说这两句按惯例是对仗的。例如：《沁园春》上片第四、五两句和六、七两句，下片第三、四两句和五、六两句，例用对仗；《满江红》上下片七言两句，例用对仗；《浣溪沙》过片两句，例用对仗；《忆江南》中间七言两句，例用对仗；《渔歌子》中间三言两句，例用对仗；《鹧鸪天》上片第三、四句和过片三言两句，例用对仗；《踏莎行》上下片第一、二两四言句，例用对仗；《一剪梅》上下片四言句，例用对仗；《西江月》上下片头两句，例用对仗；《南歌子》上下片头两句，例用对仗；等等。其他一般易用对仗的，如：《忆秦娥》上下片末两句；《水调歌头》上片第五、六两句，下片第六、七两句；《齐天乐》上片第三、四两句，下片第四、五两句；

《阮郎归》下片第一、二两句；《凤凰台上忆吹箫》上片第一、二两句；《念奴娇》上片第五、六两句，下片第六、七两句；《高阳台》上片第一、二两句；《柳梢青》上片第四、五两句，下片第三、四两句；《鹊桥仙》上下片第一、二两句等，这些地方用对仗的例子都较多。

对词谱说明中有对仗提醒的，最好按谱对仗。当然也不是绝对的，同是《浣溪沙》词牌，王安石写的“百亩中庭半是苔”一词，过片两句“小院回廊春寂寂，山桃溪杏两三栽”就没有对仗。但这只是个例，古今绝大多数词人都按惯例安排对仗句。笔者认为，应该遵照惯例，按词谱要求填词，该对仗的一定要对仗。

5．词句领字后面若有相邻的双句或者三句，也可用对仗。

有的词牌中，特别是有些长调的词牌，词谱规定某一句的节奏有特殊格式。比如《望海潮》上下片某些句子的格律格式是这样的：

仄平⃝平仄⃝仄，仄⃝仄平平。

（上一下四）

下面括号内标注的“上一下四”意思是：

仄/平⃝平仄⃝仄，仄⃝仄平平。

第一个仄声字，叫作领字，又叫一字逗，它起统领后面两句的作用，单独计平仄；其后面的八个字又是按四字一句，承接领字，单独计平仄：平⃝平仄⃝仄，仄⃝仄平平。那么后面这八个字，词人就有选择是否对仗的余地。请看柳永《望海潮》词中间相同位置的两句，就采用了对仗形式：

有/三秋桂子，十里荷花。

这两句中“三秋桂子，十里荷花”就形成了对仗。

除了词谱提醒的例用对仗句之外，凡词谱没有规定而词人主动运用对仗的，往往表达了词人独特的意图：或加强渲染，或侧重强调，或增强韵律美。遇到这些对仗句，读者可以留意词人的言外之意。上述柳永《望海潮》词写的这一联对仗，高度凝练，音律优美，以不同季节的两种花，代表了杭州的典型景色，再加上“烟柳画桥，风帘翠幕”“市列珠玑，户盈罗绮”“羌管弄晴，菱歌泛夜”等对仗句和全词的铺叙，把西湖以至整个杭州最美的特征概括出来，具有撼动人心的艺术力量。

据《鹤林玉露》载：“此词流播，金主亮闻歌，欣然有慕于‘三秋桂子，十里荷花’，遂起投鞭渡江之志。”当然这只是一种传说，未必确切。诱使金兵入侵，导致北宋灭亡的原因，是由于统治阶级骄奢淫逸、醉生梦死的腐朽本质所造成的，与柳词本无关系。不过从这个传说中，侧面可见柳永这首词的艺术魅力是很大的。

“词句领字后面若有相邻的双句或者三句，也可用对仗。”我们前面所学的都是两两相对的对仗，三句如何对仗？可以用“鼎足对”。这个问题后面还要专门介绍，这里暂搁置。

6.《沁园春》词牌的对仗规则

《沁园春》上片第四、五两句和六、七两句，下片第三、四两句和五、六两句，例用对仗。这两处对仗与一般其他对仗方式有所区别，因为它是扇面对，或叫扇对、隔句对。前面我们讲格律诗对仗类别时讲过，它不是我们习惯的第一句与第二句相对，第三句与第四句相对；而是第一句对第三句，第二句对第四句。而词的扇面对因为领字的原因，又与诗的对仗稍有不同。故这里专门讲解。

我们以《沁园春·雪》的对仗句为例来说明。《沁园春·雪》上下片的对仗句分别是：

望长城内外，惟余莽莽；大河上下，顿失滔滔。

惜秦皇汉武，略输文采；唐宗宋祖，稍逊风骚。

由于《沁园春》上下片的两个扇面对形式上是一样的，所以我们只以上片的扇面对为例来说明。为了视觉直观清楚，在具体阐释时，我一般这样排列词句：

望　长城内外，惟余莽莽；

　　大河上下，顿失滔滔。

“望”字是领字，领字一般去声字为多。扇面对的对仗，不包括领字。其对仗的句子，应第一句与第三句对仗，第二句与第四句对仗。

可以看出，“长城内外”与“大河上下”隔句对仗；“惟余莽莽”与“顿失滔滔”隔句对仗。

笔者在《沁园春》词牌的创作实践中，都是采用这样的直观格式，便于对照是否对仗。

二、鼎足对

（一）什么是鼎足对

在介绍鼎足对之前，我们先来看一看下列词句：

辇下风光，山中岁月，海上心情。

（刘辰翁《柳梢青·春感》）

胡未灭，鬓先秋，泪空流。（陆游《诉衷情》）

玉宇无尘，金茎有露，碧天如水。

（柳永《醉蓬莱》）

过沙溪急，霜溪冷，月溪明。/但远山长，云山乱，晓山青。

（苏轼《行香子·过七里濑》）

有桃花红，李花白，菜花黄。

（秦观《行香子》）

破青萍，排翠藻，立苍苔。

（辛弃疾《水调歌头·盟鸥》）

绿杨浓，芳草歇，柳花狂。

（温庭筠《酒泉子·罗带惹香》）

上述宋词词句是什么形式？三句一组，互为对偶，如鼎足之势。这是对仗吗？

在我们的一贯印象中，对仗如仪仗队，必须两两相对，才显工整。对仗是对偶的一种，经常出现在骈文、律诗中（词、曲也常有）。

而上例细加审视，虽然三句都彼此对偶，却非偶数对偶，而是如鼎足三立，不分伯仲。这是对仗吗？

这的确是对仗。不过它不是普通的对仗，而是对仗的特殊形式——鼎足对。

鼎，古代的一种烹饪器，常见者为三足两耳。鼎足，支撑鼎的三条腿，一般用以比喻三方并峙的形势。

鼎足对，是对偶的一种形式，又叫“三枪对”。它由三个句子相对而成，是三个互为对偶的句子组成的对仗。因三句一组，互为对仗，如鼎之三足并立，故以“鼎足对”名之。鼎足对格律没有那么严谨，相对更自由，表现力也很强。这种对仗方式，经常出现在词和曲中，但是不会出现在律诗中。

鼎足对在宋词中较常见，如本节开头所举的例子，都是宋词中用鼎足对的佳作。再举一些鼎足对的例子：

半竿落日，两行新雁，一叶扁舟。/今宵眼底，明朝心上，后日眉头。

（贺铸《眼儿媚》）

转朱阁，低绮户，照无眠。

（苏轼《水调歌头》）

宋词著名的鼎足对，常常出现在《沁园春》中的前三句：

孤馆灯青，野店鸡号，旅枕梦残。（苏轼）

劫运将新，天书降恩，圣师命魔。（张继先）

络纬催凉，断虹收雨，庭梧报秋。（晁端礼）

不过，《沁园春》开头三句并不必须是鼎足对，例如苏轼的《沁园春·情若连环》开头三句就不是鼎足对，仅是前两句对仗：

情若连环，恨如流水，甚时是休。

《沁园春·雪》开头前三句也不是鼎足对，仅是后两句对仗：

北国风光，**千里冰封，万里雪飘。**

从上述几个例词中，也可看出诗人决定是否对仗或在何处对仗具有自主性、随机性。

鼎足对在元代散曲中更为常见，也更有生气，这是因为曲的对仗和词差不多，不像律诗那样对平仄有严格要求。当然，曲中也有很多和律诗一样两两相对的对仗。散曲更加自由化的句式，为鼎足对提供了更为广阔的运用空间，使鼎足对有了长足发展。

元人之曲，为自由畅达、淋漓尽致地表达情感，在对仗运用上突破了平仄、句数、位置甚至字数等的限制，把对仗修辞发挥到了极致，创造出许多新颖奇巧的对仗形式。

鼎足对在元散曲中可谓俯拾皆是，留下了许多脍炙人口的名句。曲中最有名的鼎足对，来自马致远《天净沙·秋思》：

枯藤老树昏鸦，小桥流水人家，古道西风瘦马。

马致远《离亭宴煞》中，也有两组鼎足对：

密匝匝蚁排兵，乱纷纷蜂酿蜜，闹穰穰蝇争血。

和露摘黄花，带霜烹紫蟹，煮酒烧红叶。

又如吴绮《小桃红·赠苏昆生》：

尽红牙折断红珠溜，放青鞋踏遍青山秀，把黄冠撇却黄金臭。

张可久《春思》：

山花红雨鹧鸪啼，院柳苍云燕子飞，池萍绿水鸳鸯睡。

白朴《水调歌头》：

五溪鱼，千里莱，九江茶。

乔吉《折桂令》：

老树支门，荒蒲绕岸，苦竹圈笆。

又如，张可久《人月圆·客垂虹》：

三高祠下天如镜，山色浸空蒙。

莼羹张翰，渔舟范蠡，茶灶龟蒙。

故人何在，前程那里，心事谁同？

黄花庭院，青灯夜雨，白发秋风。

以上几句除开头两句是散句外，其余标黑体字者都是三句对，一共组成三组鼎足对，十分绚丽多彩。

（二）鼎足对的作用

鼎足对是元曲中常见的对偶形式。鼎足对是对偶修辞的扩展，它不似两句对仗般严谨，对平仄等方面的要求较为宽松，修辞的要求更为自由灵活，打破了对偶句两两相对的对称平衡，构建了一个稳固的三足鼎立的架构。它加强了连贯、排比，在音韵上更加回旋、跌宕，把我们带进了一个新的领域，给人以新的美感。

鼎足对三句一组，字数相等，结构、词性大体相同，意思相关，互为对偶，只要做到基本相对即可。这种修辞手法，对偶与排比效果兼有，既朴素自然，又鲜明活泼，具有质朴的民间风俗和鲜明的地方色彩，容易收到联珠炮似的艺术效果。

南宋女词人朱淑真在《眼儿媚》词里这样用鼎足对：

午窗睡起莺声巧，何处唤春愁？

绿杨影里，海棠亭畔，红杏梢头。

词人午睡起来，听到黄莺在啼叫，却不想被唤起了春愁。她的春愁在哪里？词人连用“绿杨影里，海棠亭畔，红杏梢头”的鼎足对，自问自答，将一腔春愁抒写得无处不在，“才下眉头，却上心头”，淋漓尽致，妙不可言！

散曲多采用直陈白描的赋的手法，讲究淋漓尽致，势若飞瀑。它不似诗词惯用比喻、象征来婉曲地表述。鼎足对的使用，不仅使音韵更加和谐，也加大了散曲容量。如“枯藤老树昏鸦，小桥流水人家，古道西风瘦马”，一种鼎足对修辞手法，一句中九个意象的铺陈、组合，就简练而生动地表达了丰富的一组画面，构建了一种无穷的意境。

鼎足对富有乐感，节奏分明，提高了拟状摹声、写景绘色、表情达意的艺术功能，增强了节奏感和音乐美，使描绘的事物变得生动飞扬，使表达的事理变得显明豁畅，从而产生良好的艺术感染力。

三、散曲的对仗特点和对仗种类

元人散曲，以新的对仗特点和对仗种类，把唐诗宋词又推到一个新的境界、新的高度。它冲破了近体诗对仗的避忌，不光继承了近体诗所有的对仗种类，也开拓和发展了近体诗所没有的对仗种类，使得元曲面貌为之焕然一新。

在散曲中，凡是上下句字数相同的，制曲者多用对仗形式，以加强曲艺效果。曲韵鼻祖周德清曾说："逢双必对，自然之理，人皆知之。"

（一）散曲的对仗特点

1. 散曲的对仗，既可平仄相对，也可同调相对，即平声对平声，仄声对仄声。如元张弘范《越调·凭阑人》：

博带峨冠年少郎，
高髻云鬟窈窕娘。

上句的平仄为"平仄平平平仄平"，下句的平仄是"平平平平仄仄平"，平仄格律几乎完全不对，这在格律诗中是绝对不允许的，在词中也少见，但在散曲中就可以。

2. 俗语入对的现象十分普遍。如元关汉卿《窦娥冤》中的句子：

地也，你不分好歹何为地？
天也，你错勘贤愚枉做天！

3. 戏曲曲词衬字多，所加衬字，多数相对，但也有不对的情形。有时，须正确区分正文和衬字，并剔除衬字，才能判别曲词是否对仗。如元代佚名《洞庭湖柳毅传书杂剧》第一折第八曲：

（到庙前）将定金钗股，
（香案边）击响金橙树，
（觑水中）闪出金沙路。

括号内是衬字。剔除衬字后，可以明显看出是鼎足对。应当说明的是，如曲词本身对仗，则所加衬字一般也是对仗的。

在散曲中，对仗要求远不如诗词对联严格，宽对更为多见，也比较自由，但不能因此认为散曲不重视运用对仗手法。恰恰相反，为了提高作曲的艺术效果，散曲作者一般力图加强对仗手法的运用。

散曲字数相等的相连两句，常用对仗。曲有衬字，除去衬字后，相连两句字数相等时也可用对仗。但散曲的对仗不作硬性规定，同一曲牌同一位置，字数相等相连的两句，有的用对仗，有的不用对仗；同一曲牌，有的全用对仗，也有的不全用对仗。曲的对仗同词一样，依曲牌、曲谱的特殊规定而行之，且在对仗时不一定限定平仄相对。

（二）散曲的对仗种类

散曲的对仗种类很多。前面介绍的格律诗的对仗形式，词、曲皆用的鼎足对、扇面对等手法，在散曲中一应俱全。前面介绍过的，这里不再赘述，只将散曲中常见的其他对仗形式，择要介绍之。

1. 合璧对

明朱权《太和正音谱·对式》云："合璧对，两句对者是。"这种形式，是文学作品中运用极为普遍的最基本的对仗形式。两句相对，称合璧对，与诗词中的对仗无异。这种对仗形式在散曲中十分常见。凡是散曲的一个句组中相邻两句字数相等者，都可构成合璧对（当然也可不用对仗，可根据曲谱要求或遵从惯例）。曲有衬字，除去衬字后，相连两句字数相等时也可用此对仗。

例如卢挚《折桂令·箕山感怀》：

巢由后隐者谁何？
试屈指高人，却也无多。
渔父严陵，农夫陶令，尽会婆娑。
五柳庄瓷瓯瓦钵，七里滩雨笠烟蓑。
好处如何？三径秋香，万古苍波。

黑体字标出的“渔父严陵，农夫陶令”“五柳庄瓷瓯瓦钵，七里滩雨笠烟蓑”即为合璧对。

又例如白朴《庆东原》：

忘忧草，含笑花，劝君闻早冠宜挂。
那里也能言陆贾，那里也良谋子牙，那里也豪气张华？
千古是非心，一夕渔樵话。

黑体字标出的“忘忧草，含笑花”“千古是非心，一夕渔樵话”也是合璧对。

2. 连璧对

《太和正音谱·对式》云：“连璧对，四句对者是。”凡曲中相邻四句相互形成对仗者称为连璧对，又叫四维对。连璧对近体诗无，词中极少，元人散曲中较多。如宋方壶《雁儿落带过得胜令·闲居》：

广种邵平瓜，细焙玉川茶，遍插渊明柳，多栽潘令花。

又如周德清《塞鸿秋·浔阳即景》：

长江万里白如练，淮山数点青如淀。
江帆几片疾如箭，山泉千尺飞如电。

3. 联珠对

散曲“联珠对”与楹联“联珠对”概念不同，楹联“联珠对”是“顶针联”的别称，又名“联锦对”。如“山羊上山，山碰山羊角；水牛下水，水满水牛头”，这个“山”和“水”是联珠。而散曲联珠对即多句相对，其对句似一串珠玉相联相对。

《太和正音谱·对式》云：“联珠对，句多相对者是。”句多者，至少在五句以上。这有两种说法：一种说法是，曲中通篇句子都作对仗者，称为联珠对。另一种说法是，同一句式的多句相对称为联珠对。

此两种形式在曲中都是常见的。

第一种形式如白朴《寄生草·饮》：

长醉后方何碍，不醒时有甚思。糟腌两个功名字，醅淹千古兴亡事，曲埋万丈虹霓志。不达时皆笑屈原非，但知音尽说陶潜是。

此曲前两句相对，当中三句对，最后两句对。可见全篇每句都有对仗，是为联珠对。

第二种形式如王实甫《十二月过尧民歌·别情》；

（自别后）遥山隐隐，
（更那堪）远水粼粼。
（见杨柳）飞绵滚滚，
（对桃花）醉脸醺醺。
（透内阁）香风阵阵，

（掩重门）暮雨纷纷。
怕黄昏忽地又黄昏，不销魂怎地不销魂。
新啼痕压旧啼痕，断肠人忆断肠人。
今春，香肌瘦几分，搂带宽三寸。

此曲前六句每句的前三字是衬字，除去衬字后是联珠对；联珠对后面的四句分别是两组合璧对，最后两句又是合璧对。

4．救尾对

把鼎足对的形式用于一支曲的结尾，是为救尾对。因为有的曲写得比较弱，想用鼎足对来强化结尾，以对此曲进行拯救，故称救尾对。例如元冯子振《中吕·红绣鞋·题小山苏堤渔唱》：

东里先生酒兴，南州高士文声，玉龙嘶断彩鸾鸣。
水空秋月冷，山小暮天青，苏公堤上景。

再如元徐再思《中吕·红绣鞋·道院》：

一榻白云竹径，半窗明月松声，红尘无处是蓬瀛。
青猿藏火枣，黑虎听黄庭，山人参内景。

两例后三句标黑体字者为鼎足对，强化了结尾，提升了气势。

5．首尾对

又称“鸾凤和鸣对”。一曲之中，首句和末句相对，此种对仗方式为元曲所独有，且常出现于〔叨叨令〕一曲中。例如王实甫《叨叨令·长亭送别》：

见安排着车儿、马儿，不由人熬熬煎煎的气；有甚么心情花儿、靥儿，打扮的娇娇滴滴的媚；准备着被儿、枕儿，则索昏昏沉沉的睡；从今后衫儿、袖儿，都揾做重重叠叠的泪。兀的不闷杀人也么哥？兀的不闷杀人也么哥？**久已后书儿、信儿，索与我恓恓惶

惶的寄。

其中的标黑体字部分："见安排着车儿、马儿，不由人熬熬煎煎的气""久已后书儿、信儿，索与我恓恓惶惶的寄"，就是一曲中首句和尾句相对的例子，即首尾对。

中间的部分句子："有甚么心情花儿、靥儿，打扮的娇娇滴滴的媚；准备着被儿、枕儿，则索昏昏沉沉的睡"，则为扇面对。

再例如周文质《正宫·叨叨令·悲秋》：

叮叮当当铁马儿乞留玎琅闹，啾啾唧唧促织儿依柔依然叫，滴滴点点细雨儿淅零淅留哨（应为"潲"，雨经风而斜扫），潇潇洒洒梧叶儿失流疏刺落。睡不著也末哥，**孤孤零零单枕上迷彪模登靠。**

这里的"叮叮当当铁马儿乞留玎琅闹"和"孤孤零零单枕上迷彪模登靠"就是首尾对。这种首句和末句对仗容易产生循环往复的效果。

6. 燕逐飞花对

《太和正音谱·对式》云："燕逐飞花对，三句对作一句者是。"即每一句中包含着一个鼎足对。如马致远的小令《拨不断》：

菊花开，正归来。
伴**虎溪僧、鹤林友、龙山客，**
似**杜工部、陶渊明、李太白，**
有**洞庭柑、东阳酒、西湖蟹。**
哎，楚三闾休怪！

其中第三、第四和第五三句，每句标黑部分都是由一个三句对构成，即鼎足对；再"三句对作一句"，如燕逐飞花，轻盈跳荡，整齐有致，别有情趣。

7. 叠字对

如乔吉《天净沙·即事》：

莺莺燕燕春春，花花柳柳真真。事事风风韵韵，娇娇嫩嫩，停停当当人人。

此曲每一句都由叠字构成，称叠字对。当然，制曲未必处处都叠字，适当的句式或句子用叠字相对也应该是叠字对。

8. 扇面对

见前介绍，此处从略。

9. 鼎足对

见前介绍，此处从略。

我们学习散曲的对仗，除了要阅读一些知识性介绍的内容外，还要特别注意阅读和研究优秀元曲作品，从中体会对仗的方法和妙处，并加大写作练习力度，这是非常重要的。

第五章　对仗习作选评

一、对仗选评

夸父合惊迷乱眼，愚公难识叹新苔。

（《红旗渠情思》颈联）

有意用了“夸父”“愚公”两个典故，开掘了诗的深度和内涵。这里夸父和愚公都为红旗渠惊叹，使传说人物直接融为赞叹红旗渠的“当事人”，典故与所咏内容紧密结合，没有用典与所咏内容“两张皮”现象。这也是用典的基本要求。

廉颇尚能饭，李白再斟杯。

（《感李述合茹瑞枝老师五律〈马年抒怀〉》颈联）

笔者和诗对象是两位耄耋之年诗人，用“廉颇能饭”典言老人的老当益壮，用“李白斟杯”言老者的诗情勃发。用典若恰当，能增加诗的厚度，也更含蓄，引人品味。

曾怀颇老尚能饭，更羡蒙迟亦可诗。

（《再感首次参加“驴队”》颈联）

本联用两典，以古人事迹激励自己。颇，战国时赵国大将军廉颇。蒙，东吴大将吕蒙。《三国志 · 吴书 · 吕蒙传》：“初，权谓蒙及蒋钦曰：‘卿今并当涂掌事，宜学问以自开益。’蒙曰：‘在军中常苦多务，恐不容复读书。’权曰：‘孤岂欲卿治经为博士邪？但当令涉猎见往事耳。卿言多务，孰若孤？……’蒙始就学，笃志不倦，其所览见，旧儒不胜。后鲁肃上代周瑜，过蒙言议，常欲受屈。肃拊蒙背曰：‘吾谓大弟但有武略耳，至于今者，学识英博，非复吴下阿蒙。’蒙曰：‘士别三日，即更刮目相待。……’”

春晖难报吟东野，明月高悬忆介推。

（《清明节因故欲返乡祭亲未成》颈联）

东野，指唐代诗人孟郊，字东野。孟郊《游子吟》：“慈母手中线，游子身上衣。临行密密缝，意恐迟迟归。谁言寸草心，报得三春晖。”介推，即介子推，春秋时期晋国重耳之微臣，后人尊为介子。介子推随重耳在外逃亡十九年，饥寒交迫，为了让重耳活命，介子推割己股让重耳充饥。后重耳返国，立为晋文公，介子推“辞官不言禄”，隐于绵山。晋文公欲求却不得，放火焚山，介子推抱树而死。晋文公悲痛万分，下令全国在介子推被焚的三月五日禁止烟火，仅食寒食，此即“寒食节”由来。后来寒食节逐渐被清明节取代，许多人又把纪念介子推说成清明节的起源。介子推为国为君的忠心耿耿和淡泊名利，一直是中国古代社会极力推崇的高尚品质。本联借两典怀念已故父母的高尚品质，表达了慈恩难报的遗憾和惆怅。

王郎怎得神风助？洪府何乘佳赋名！

（《喜见赣江》颈联）

王郎，指王勃。洪府，这里指南昌市，语出《滕王阁序》：“豫章故郡，洪都新府。”西汉时的豫章郡，唐朝的洪州府。到赣江滕王阁旁，借典故怀古抒怀是自然的。同时，这也是前面介绍的中二联对仗之“疑慨拓义”，上句是设问，下句是感慨。

却看愁容何处遁，任凭喜泪瞬时催。

（《闻儿高考被某大学录取》颔联）

本联是流水对。

云水迢迢流甚处，宇寰漠漠入何年？
秦皇宋祖尘埃事，诗圣谪仙金玉篇。

（《应网上图而作》中二联）

颔联连用两问，问而不答，实际是表达笔者对时空、对客观世界的思考。颈联则表明了自己的世界观和历史观。

随机疑遇汉唐霭，出世惊呼华夏天。

（《由郑州转成都至西宁机上》颈联）

“汉唐”和“华夏”都是并列结构，对仗工整。“汉唐”原为“盛唐”，对仗不工，因改之。

笑看乌纱比蝼蚁，闲听陋室想泉流。

（《谒荥阳刘禹锡墓有感》颔联）

看，是视觉。听，是听觉。比，想，皆是作者心里所想所感。对仗从不同角度展开。

一篇好胜逞强句，二十三年徒白头。

（《偶感刘禹锡》颔联）

此二句处于颔联位置，可以适当放宽对仗要求。且此联为流水对，基本是工整的。

池彩谁调合天意，景观我造应人声。

（《雨里登山人》颈联）

“池彩谁调”写出池水的色彩与笔者的想象，“合天意”说明是浑然天成，无人工雕琢之痕迹。“景观我造”是把游人（自己）也视作风景，“应人声”游人互答，又写声音，写出了风景与游人之和谐。

遥想春秋朝去客，近观风雪夜行人。
滔滔岂为秦皇失，莽莽何因汉武存？

（《雪夜独寻》中二联）

紧扣题目的“雪夜独寻”来写。颔联上句虚写古人踪迹，下句实写雪景及行人。颈联又引起许多联想，化用毛主席《沁园春·雪》词意思考，拓宽了意境。

壮哉两极移东土，美矣千条坠玉枝。
幻觉太空飞柳絮，梦疑瑶殿抖冰衣。

（《喜雪》中二联）

颔联是典型的虚字相对。“哉”“矣”分置两句，“壮哉”“美矣”放在句首位置，如同我们晨起乍见夜雪，发出“好壮丽啊”“真美啊”的惊喜。颈联进一步展开想象，状写雪景。

淇河新浪涌，卫沫古声翻。
引凤鸣春野，骑鲸梦日边。

（《贺鹤壁诗词学会成立》中二联）

贺学会成立题材，若过实去写，易就事论事，写得死板，缺乏诗意。颔联扣住地域特色“淇河”“卫沫”，分别以“新浪涌”“古声翻”状之，含蓄地指出此地的诗词活动如新浪翻涌。颈联则进一步虚写，期冀更加美好的前景。

残冰消尽融融雨，薄雾澄清昊昊天。

（《辛卯岁初感怀》颔联）

叟乐书屋声朗朗，童嬉广场月溶溶。

（《生态焦作吟依姚会长待献先生韵》颈联）

击开叠叠重重浪，穿越巍巍荡荡山。

（《读书》颔联）

以上三联，“融融”“昊昊”，“朗朗”“溶溶”，“叠叠重重”“巍巍荡荡”，叠字的运用，使得诗情更美，收到新奇的效果。

无意奔腾偏出岫，有缘起舞共飞霞。

不辞沟壑川原细，乐纳峰峦溪涧差。

（《淮河源头》中二联）

以上两联，“无意”“有缘”，“不辞”“乐纳”，反义词（反对）的运用，使得形象更加鲜明、突出。

裁朵白云来佐酒，掬颗绿露好加餐。

泉流应接银河水，鸟语当偕丹桂仙。

（《湖北恩施大峡谷峡谷轩酒店用餐》中二联）

此为在酒店看到的大峡谷中景色，笔者拿来“白云”与“绿露”（绿植上的露水）与用餐结合。又发挥想象，将“泉流”“鸟语”与仙境结合，自觉增加了诗意，拓宽了意境。

铁肩扛起千崖绿，热汗浇开万蕾丹。

为有持家虑生计，不辞劳力换铜钱。

（《挑山工》中二联）

颔联将挑山工与周围风景结合来写，点明了挑山工在风景区的重要作用。颈联议论挑山工的辛苦与无奈。

消冰融雪淙淙水，舞燕歌鹂款款风。

（《二月二》颈联）

写诗要尽量避免用熟语，用了熟语，即便用词达意，也会降低艺术效果。比如“消冰融雪”作为上句，下句若用熟语“燕舞莺歌”，就会觉得句子太熟。这里为了调平仄，倒装成“舞燕歌莺”还稍好些；若直接用“莺歌燕舞”，就不会给人以新鲜感。要设法把熟语写“生”，在此笔者有意用了“舞燕歌鹂”，就没有用词的陈旧之感。

青山依旧接天色，绿水无非覆地衣。
忽忽人生何所似，玄玄事理孰能知？

（《古田到龙岩途中》中二联）

颔联写景，颈联抒情。无答而问，更引人思考。

龙腾华夏三千里，狮吼炎黄一万年。

（《红旗渠赋》颈联）

八千里路寻神兽，一万颗心向洞天。

（《登天门山天梯》颈联）

三百新篇动天地，五千故岁起苍黄。

（《喜闻〈商丘当代律绝三百首〉出版》颈联）

“里”对“年”是常见的对仗思路，但不是唯一的套路。“八千里路”与“一万颗心”对仗也很好。至于把“新”“故”分别嵌入“三百篇”“五千岁”，也增加了新鲜感，不落俗套。

二十八年怀梓土，三千里路眺天坛。

（《怀邓稼先》颔联）

“二十八年”与“三千里路”并非字字相对，算是宽对了。

唯大丈夫吞四海，贵真情志耸千峰。

（《春节赠友》颈联）

伟丈夫兮怀四海，大巾帼矣济天涯。

（《贺迟家三姐弟京城书画艺术作品展》颈联）

向密林丛寻凤羽，于惊瀑阵接龙涎。

（《赏友自重渡沟发图片录像感寄》颈联）

以上三联，诗句的句子节奏发生变化，能较好地打破沉闷与单调，增强诗的活力。

只把冰心寄天地，任他苍狗白云浮。

（《晨雨》尾联）

苍狗白云，成语白云苍狗的倒装，此倒装为调平仄的需要。将成语放到这个位置（藏于句间），会消弭或缓解成语过熟造成的阅读厌倦感、平淡感，读起来跳荡、新颖。本联应是流水对。

花接天边树，燕衔畴上云。

瑶台琼影动，仙客笑声闻。

（《仙客来坊采风》中二联）

颔联写景，颈联写人。结合“仙客来”发挥想象，以仙境、仙人作比，增加了趣味性。

诗风熏得时人醉，词雨将回柳色新。（将：qiāng，请。）

水慕华章展眉眼，草窥佳句探腰身。

（《早春闻席君淑贤女史新著将付梓以赠并贺》中二联）

贺毶羹女诗人的诗集出版，将诗集与时景巧妙结合，运用拟物、拟人手法，赞扬了诗人作品的优秀。

闲云光动鸣飞鸟，静影壁沉摇蜃楼。

天地悠悠都是客，功名忽忽总关愁。

（《元宵节前日河边漫步》中二联）

颔联写景，颈联抒情，是写景与抒情的结合。

只缘青帝传春讯，才得尧乡鸣脆莺。

（《二班同学结伴看望潘老启栋恩师》中二联）

“青帝”“尧乡”二典对用，写出了恩师的教书育人作用。本联是流水对。

仙女裙裾蝉翼薄，冰河盔甲马蹄轻。

方疑玉帝登神阙，又觉嫦娥舞月宫。

（《写于由北京飞温哥华机上》中二联）

颔联使用比喻写在飞机上所见景物，颈联写笔者联想，虚实结合。

雄云忽忽天犹倒，铁骑咴咴地欲崩。

幻听九州擂战鼓，梦看一汉泻沧溟。

（《赏华人二胡大师高韶青演奏〈万马奔腾〉》中二联）

此二联以譬喻和联想集中刻画大师演奏效果，把音乐转化为形象来表达，能引起读者共鸣。

楼顶露藏月，天边断续风。

童灯照蝉树，蛩曲乱花丛。

（《消暑纳凉四首》其一中二联）

颔联写景，颈联写人的活动与人的感觉，不然，哪来“乱”呢！

九万里风狮正吼，五千年史韵尤香。

云中报喜来青鸟，霞里传情舞凤凰。

（《贺中共十九大胜利召开次韵李建华兄》中二联）

贺诗难写，因为易作成标语口号式，还易罗列。颔联笔者有意宕开具体事实，用“狮吼”“韵香”来象征中华大地发生的翻天覆地的变化。颈联虚写，以青鸟报喜、凤凰传情，进一步渲染祖国捷报频传。这是笔者写政治诗的一种尝试。

款款湖鹅浮柳水，危危峰瀑下云天。
才惊洞里涓滴静，又喜竹中翠鸟喧。

（《游山东临清宛园》中二联）

颔联写景，颈联以笔者思想活动结合来写景，自觉有点新意。

严冬播绿运筹手，恶浪行舟摆渡人。
抗疫冲锋戴星月，抱薪融雪铸纯真。

（《赞最美快递员汪勇》中二联）

中二联运用形象说话，有一定特色。“星月”“纯真”，前者并列名词，后者并列形容词，似不对仗。但“星”与“月”形成自对，“纯”与“真”也形成自对，再以“星月”与“纯真”相对，就显得对仗格外工整。这是句内先自对再两句相对的例子。当然，把“纯真”活用为名词，指纯真的行为，与“星月”相对，也完全说得通。

星雨流光下，人潮喝彩声。

（《元夜郑东新区 CBD 焰火狂欢》颔联）

“声”本为名词，这里活用为动词，意为使发声、响起（喝彩）声。与往下落的“下”（动词）相对。

长发美髯亮，明眸皂服新。
诗吟才镇鬼，笔落墨惊神。

（《敦煌初逢刘君国宝兄又别》中二联）

颔联外貌描写，颈联言行（能力）描写，各有侧重，相得益彰。

水邀山聚首，竹与鹊商量。
人景合图画，诗书入梦乡。
羲和日车紧，玄兔月宫忙。
回首问汜木，何时栖凤凰？

（《襄城县创建河南诗词之乡》）

本诗前三联皆对仗，句首皆名词，但没有出现“平头”单调的感觉，在于首联“水”“竹”是单音词，颔联“人景”“诗书”是并列词组，“羲和”“玄兔”是固定词组，词性结构和节奏均不同。这也告诉我们，变化求异，才是有效避免联间单调雷同的良方。

和风催草色，暖日吻湖光。
云约纸鸢舞，童追皂泡忙。

（《正月初三游春》中二联）

颔联写景，颈联状人，各有分工，避免雷同。

云舞碧空龙隐约，村镶灵地凤翩跹。

（《龙川古村落》颔联）

“隐约”与“翩跹”皆连绵词，二者相对，很工整。注意：连绵词只能与连绵词相对，还要词性相合。

岁月太匆匆，沧桑尽梦中。
寒风方入骨，暑雨早盈瞳。
如此树犹老，奈何童及翁。
蜉龟有长短，宇宙永无穷。

（《有感》）

这首诗创作时间为 2022 年 1 月 18 日，正值隆冬时节。可颔联却写了“暑雨”，岂非跑题？非也。机关在于首联笔者用了“梦中”一词。对匆匆岁月，笔者觉得太快，好像做梦一般。有了这个“梦”的铺垫，后面的“暑雨”就合理了，因为是梦幻的感觉。

身虽未登岳，心在最高峰。
俯仰接清气，腾飞驰玉龙。
茱萸躬遍插，金菊笑开重。
遥祝南山寿，期颐会再逢。

（《重阳》）

重阳节登高赋诗，世之惯例。今年重阳未登高，难道不能写登高诗了吗？非也。首联“身虽未登岳，心在最高峰”即解决了此问题，有了这个想象作铺垫，就可以尽情地写登高，尽情地抒发感情。这样，中二联对仗内容就有了着落，有了基础，有了依据。这也即写诗可以“无中生有”的道理。“无中生有”的前提是想象与联想。遍插，即插遍，颈联为错综对。

我生爱写立春诗，序曲新开最当时。
耐看平畴萌绿细，喜听幽涧破冰奇。
清歌动地碧波绕，彩梦飞天广宇追。
冬奥欣逢佳节好，健儿登场正扬眉。

（《立春》）

题为“立春”，若无特别前提，就必须写立春时的人事景观，否则就是跑题。颔联应该是扣题的，写了早春的万物萌动状态。至于颈联，这是虚写，还是切题的。

霹雷催战鼓，日月竞兼程。

动地风云助，撼天神鬼惊。
江河壮宏阵，山岳点雄兵。
璨璨征途远，萧萧骉马鸣。

（《催征》）

写诗可有多种写法，并无定格。这里主要说的是，在一首诗里，最好同类的词汇不要连用，比如，“风云”“神鬼”“江河”“山岳”皆并列结构的名词，若连用易造成雷同，影响诗意表达。本诗却没有雷同的感觉，何因？在于颔联与颈联并列名词放的位置不同，一个在句中，一个在句首。这样就“化险为夷”，避免了单调雷同。

峰巅彧彧阳春树，云际啾啾莺鸟天。
礼炮传情霄汉上，彩球寄语洞窑边。

（《礼拜诗圣》中二联）

颔联写自然景色，当然景色是有选择的，充满朝气蓬勃氛围。颈联写人们活动带来的气象。中二联叙述有所分工。

魂牵黎庶衣食足，情系神州朝夕嘉。
妙品催开接天绿，精工飞出笑颜霞。

（《赞河南心连心化工集团产出优质化肥商品》中二联）

这样的采风，写诗有一定难度，易就事论事，易空洞议论，易标语口号化。这类写作，既要紧扣被采风的主体，又要避免空洞。笔者在此类写作中是注意了这个问题的，力求写得生动形象，富有诗意。本诗中二联并没有拘泥于对具体产品的叙写，而是根据产品特点，以及其对农业、对国民造成的影响来写。当然，水平所限，这首诗未必写好了，但这是笔者的努力。在其他采风作品中，笔者也有意加进了这种思考和实践。

吟帜高擎建安壮，诗军崛起魏都隆。

山巍峨处极天地，霞绚烂时宜鹄鸿。

（《贺许昌市诗词学会第三次会员代表大会成功召开》中二联）

到一地写诗，定要写出其特点，不能写成换一个名字，放在哪里都可以的“通用零件”“大路货”。颔联紧扣许昌是魏都的地域特色，将该地诗词活动结合历史上此地出现的建安风骨和曹魏称雄的背景来写，增加了诗的厚度。颈联实际上是对许昌的诗词事业提出了自己的希望和美好祝愿，但笔者没有直说，而是通过高山、天地、彩霞、鸿鹄等意象，展示出一幅幅美好的画面，力求以形象说话。

乍看云开紫光动，旋听汉漾雪波吟。

悠扬舞凤仙为乐，呼啸腾龙宇作襟。

（《记梦》中二联）

颔联开头以“乍看”对“旋听”，颈联开头以连绵词“悠扬”对“呼啸”，两联开头有变化，避免句式雷同。再看结尾：颔联结尾三字是“紫光/动”对“雪波/吟”，二一节奏；颈联结尾三字是“仙/为乐”对“宇/作襟”，一二节奏，节奏不同，避免句式雷同。

二、对仗病院

在日常的创作实践和学习交流中，笔者也遇到过一些欠工的对仗。在此摘录一些，并加以简析，具体修改的任务留给作者。当然，读者若有兴致，也可试着修改。简析只限于对仗形式本身，对意境、内容等深层次问题不多讨论或不作涉及。

兰居幽谷生清韵，松立绝峰意志贞。

“生/ 清韵”是一二节奏，“意志 / 贞”是二一节奏，二者节奏不同。“生/ 清韵”是动宾结构，“意志 / 贞”是主谓结构，词性结构不合。因此二者不能对仗。

十步一桥腾碧水，四通八达过萧森。

“步”“桥”皆名词，“通”“达”皆动词，“步、桥”与“通、达”本词性不合，但“十步”与“一桥”句内自对，“四通”与“八达”句内自对，然后“十步一桥”再与“四通八达”互对，这样就形成了非常工整的对仗。

但“碧水”是偏正结构的名词性词组，“萧森”是并列结构的形容词词组。二者不能相对。即便把“萧森”活用为名词，也不适合对仗。

垂叶画眉啁唧叫，向风瑶草碧云裁。

“啁唧”是作拟声词的连绵词，“碧云”是偏正结构的名词，二者不能相对仗。

多情郎女鹊桥会，大爱观音寺院施。

“郎女”是并列结构的名词，指牛郎与织女，“观音”却是单个名称的名词。以二人对一人，犯了偏枯之病。

老虎啸天威猛相，慈祥父母顾孩童。

此联全部不对仗。“老虎”是名词，与之对应的“慈祥”是形容词。“啸天”是动宾结构，与之对应的“父母”却是并列结构的名词。“威猛”是并列结构的形容词，与之对应的词却没有。“威猛/相”是二一节奏，“顾/孩童”却是一二节奏。本联词性、词类结构、词的节奏都不同，不能对仗。

脚步凌空根扎稳，手攀绝壁体粘墙。

“脚步”是名词，“手攀”是主谓结构，二者词性和结构均不合，不能对仗。当然，若把“步”当作动词用，也说得通，与“手攀”即可对仗。“凌空”是动宾结构，“绝壁”是偏正结构，二者相对也不工。“稳”与“墙”，前者是形容词，后者是名词，不能相对。

随风酿信罗山漫，迷蝶春潮寺堡堆。

“酿信”是动宾结构，“春潮”是偏正结构，二者不能对仗。

望蜂跟花舞，鸟随枝晃；云飞越岭，果硕飘香。

（《沁园春·风》）

词牌名为“沁园春”。该词牌要求上下片两处用对仗，这个对仗叫“扇面对”，也叫“隔句对”，即一、三句相对，二、四句相对（可参照本书“词的对仗”部分的阐述）。而此例却一、二句相对，三、四句相对，错了。

高标早记初心永，遍布尤推主义真。

本联其他处尚可，唯“高标”与“遍布”二者对仗不工。“高标”是高标准的简称，为偏正结构的名词。“遍布”虽然也是偏正结构，但“遍布”在此是动词。

粪土王侯难富贵，豺狼将相易玩昏。

“富贵”是并列结构的形容词。“玩”是动词；“昏”是形容词，形容头脑迷糊，神志不清，比如“昏庸”。“玩昏”，为动补结构，指“玩”的最后结果是昏聩。“富贵”与“玩昏”词性与词的结构都不合，不能对仗。

上盘坐卧如银月，下水沉浮更气昂。

“如”，动词，如同。“银月”，名词，偏正结构。“如银月”，动宾结构。“更”，副词，更加。“气昂”恐是“气昂昂”的缩写，这种缩写是不规范的，因为“气昂”不符合我们说话的习惯，是生造词语。即便换成“气昂昂”，“气昂昂”是形容词，附加式结构，与“如银月”词性结构不同，二者不能对仗。

隔窗凝泪视，一吻动山河。

“隔窗”为动宾式结构。“一”，副词，用在动词之前，表示先做某个动作（下文说明结果）。“吻”，一义是动词，用嘴唇接触；另一义为名词，指嘴唇。若将“吻”活用为名词，将“隔窗”与“一吻”视为宽对也说得过去。

问题出在“凝泪/视”与“动/山河”上。可以看出，二者的句子节奏不一样。并且，“视”是单音动词，“山河”是并列性名词。二者是不能对仗的。

北伐壮志开洪武，南进豪情定国疆。

此联两病。一是新旧韵混用。“伐”按新韵是平声，按旧韵是入声字，仄声；“国”字按新韵是平声，按旧韵是入声字，仄声。在一首诗中，用新韵与旧韵都可以，但要分开，不能新韵旧韵混用。本联若按新韵，“国”字出律；若按旧韵，“伐”字出律。二是“豪情”与“壮志”合掌。

岁岁寸肠新意断，年年往事旧情熏。

“岁岁”“年年”同义，合掌。张若虚的“岁岁年年花相似，年年岁岁人不同”是名句，那是古体诗，为了强化表达的需要，不计较合掌。而作者写的是格律诗，是要严格避免合掌的。

耕读书继世，仁义家风纯。

此联“家风纯”为三连平，大忌。这里且只论对仗。“书／继世”与“家风／纯”节奏不合，词性不合，对仗严重不工。

常修翰墨书新意，酷爱诗书兴趣博。

问题出在“书／新意”与“兴趣／博”上。节奏不合，词性不对，对仗不工。

无私测怛儿孙正，立业勤劳百业昌。

“儿孙”是并列式名词，“百业”是偏正式名词。二者对仗不工。

晚辈缅怀思故脉，儿孙永记念亲情。

儿孙就是晚辈，义复属合掌。且结构不合，“晚辈”是偏正式结构，“儿孙”是并列式结构，不能相对。

耄耋光阴仍奋进，峥嵘岁月岂蹉跎。

“光阴”与“岁月”同义，合掌。“蹉跎”是连绵词，“奋进”不是连绵词，二者一般不能相对。

朝迎旭日吟佳句，夜伴孤灯觅丽词。

“佳句”与“丽词”一义，有合掌之嫌。

彩染风光描故里，花妆景物伴山川。

“故里”是偏正式结构，指故乡。“山川”是并列式结构，指山河两种景物。犯偏枯的毛病，对仗不工。

传承国粹雄心壮，吟咏诗联意气昂。

“国粹”是偏正结构的名词，“诗联”是并列结构的名词，二者对仗不工。

处世谦虚仁义重，交朋砚友雅情真。

“谦虚”既可以作形容词，也可以作动词，是并列结构，“砚友”却是偏正结构的名词，二者不能对仗。“仁义”是并列式名词，“雅情”是偏正式名词。“仁义”与“雅情”相对，不光词性结构不合，还产生偏枯之病。

妙联享誉中楹会，雅韵知名华夏龙。

“中楹会”是中国楹联学会的简称，是偏正结构，“华夏”是并列结构，二者结构不合。

生辰八秩儿孙拜，文彩千般朋辈扬。

“儿孙”是并列结构，“朋辈”是偏正结构，词性结构不合，还犯偏枯的毛病。

商宫织韵心田醉，翰墨生风耳目新。

“心田”是偏正结构，“耳目”是并列结构，对仗不工。

三千桃李香川汉，几卷吟经耀宇辰。

“桃李”是并列结构，“吟经”是动宾结构，二者不能对仗。

奇思赠予温馨梦，妙想迎来饭菜香。

“奇思”与“妙想”一义，合掌。

花甲留声声载韵，古稀承誉誉盈盅。

分写六十七十有必要吗？再说“留声”与“承誉”涉嫌合掌，“声载韵”与“誉盈盅”涉嫌合掌，这两句就说了他六十七十声誉都好这一个意思。

风力残荷动，蟾光泣露凝。

“残荷”是偏正结构，“泣露”是动宾结构，对仗不工。